絵と文章でわかりやすい!

図解雑学 聖書

関田寛雄＝監修

写真や絵画などさまざまな資料を用い、新約聖書・旧約聖書それぞれの物語をひもときながら、世界中の人々に大きな影響を与えている『聖書』を解説。

ナツメ社

ミケランジェロ作「アダムの創造」　システィーナ礼拝堂（ヴァチカン）

「動物の創造」　ヴァチカン美術館（ヴァチカン）

マソリーノ作　「原罪」ブランセッチ礼拝堂（イタリア／フィレンツェ）

ノアの箱舟が漂着したというアララト山（トルコ）

バベルの塔のモデルとなったジグラト
（イラク）

死海のほとりに自生するソドムのリンゴ

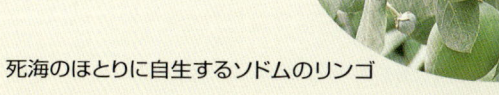

ヘブロンの町。中央の大きな建物は、アブラハムやイサクなど族長たちが眠るマクペラの洞穴（イスラエル）

マクペラの洞穴にある
イサクの墓（イスラエル）

映画『十戒』より

モーセが十戒を授与されたシナイ山。山の麓には、世界最古のキリスト教修道院といわれる聖カテリーナ修道院がある(エジプト)

ミケランジェロ作
「モーセの像」
サン・ピエトロ・イン・ヴィンコリ教会
(イタリア/ローマ)
中央の人物がモーセ

ユダの荒野　ダビデはサウル王から逃れるためにユダの荒野に身を隠した（イスラエル）

ダビデの滝　ダビデがサウル王に追われたときに、この近くの洞穴に隠れたといわれる（イスラエル）

ミケランジェロ作「ダビデ像」
ガレリア・アカデミア
（イタリア／フィレンツェ）

エルサレムの第二神殿時代の模型

嘆きの壁で祈るユダヤ人

第二神殿崩壊後、神殿の丘の「西壁」は、ユダヤ人にとってもっとも聖なる場所となっている。嘆きの壁ともいわれる（イスラエル）

イエスが生まれたベツレヘムの現在の町並み

ラファエロ作「小鳥の聖母」（イタリア／フィレンツェ）画家ラファエロは聖母の足元にイエスとヨハネを描いている

ベツレヘム生誕教会（イスラエル）

ベツレヘム生誕教会内部（イスラエル）

ミケランジェロ作
「聖家族（サクラ・ファミリア）」
ウフィッツィ美術館（イタリア／フィレンツェ）
中央に大きくイエスと聖母マリア、ヨセフが描かれている（テンペラ画）

ピントリッキオとペルジーノ作「イエスの洗礼」　ヴァチカン美術館（ヴァチカン）

パンと魚の奇跡の教会
（イスラエル）

パンと魚の奇跡にまつわる
モザイク画

ペルジーノ作「ペトロに鍵を与えるキリスト」　ヴァチカン美術館（ヴァチカン）

レオナルド・ダ・ヴィンチ作
「最後の晩餐」420×920cm
サンタ・マリア・デレ・グラツィエ聖堂
（イタリア／ミラノ）
左端からナタナエル（バルトロマイ）、小ヤコブ、アンデレ、ユダ、ペトロ、ヨハネ、イエス、トマス、大ヤコブ、フィリポ（ピリポ）、マタイ、タダイ、シモンの順。食堂の壁に描かれたフレスコ画。ダ・ヴィンチはユダに光をあてないという方法でほかの使徒と区別している

ユダの裏切り（イエスの逮捕は
ユダのキスが合図となった）

ドナテッロ作
「十字架のイエス」
サンタ・クルス教会
（イタリア／フィレンツェ）

刑場に向かうイエス
（映画『Jesus』より）

イエスが十字架を背負って歩いたエルサレムのヴィア・ドロローサ（イスラエル）

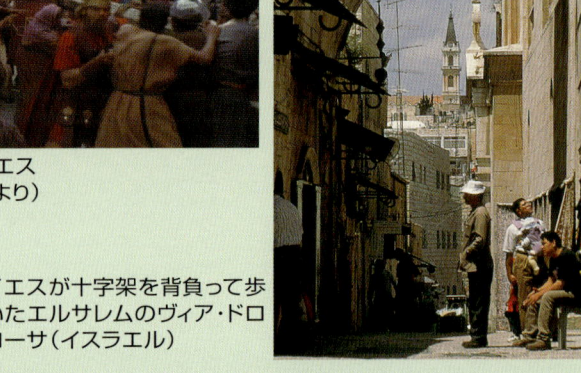

エルサレムの町（イスラエル）

聖墳墓教会
（イスラエル）

クリスマスの飾りつけが美しいサン・ピエトロ寺院（ヴァチカン）

ミケランジェロ作
「ピエタ像」
サン・ピエトロ寺院
（ヴァチカン）

パウロ窓教会

迫害の舞台になったコロッセオ（イタリア／ローマ）

ウェスパシアヌス帝のコイン

ペトロがイエスの幻を見たといわれるアッピア街道（イタリア／ローマ）

「最後の審判」　サン・ジョヴァンニ洗礼堂（イタリア／フィレンツェ）

地獄の部分の拡大

はじめに

最近若い方々が個性の強いカリスマ的指導者による宗教団体に引きつけられて、結果的には自由な個性的で開かれた人格を著しく歪められ、閉鎖的集団のなかで洗脳され、不幸な事態になっている例を多々見るのであるが、宗教というものは本来、人間らしい生き方を求める、人間的な営みのはずである。

そこで宗教に関心を持つ方々のために、真の宗教を見分ける基準を提示しておきたい。

①教祖が愛のために貧しくなり、正義のために苦しんでいるか
②建設的な内部批判を容認する自由が組織のなかにあるか
③真面目な他の宗教への敬意を持っているか

本書はキリスト教という宗教の規範である、旧・新約聖書のわかりやすい概説であり、豊富な写真、挿絵、地図、叙述内容の図式化などで、長い論文調の概説書にはない、新鮮な手法を取り入れ、他に類書を見ない入門編である。

キリスト教も他の宗教と同様、決してきれいな歴史を持っているとは言えない。本書は率直・公平に聖書のなかにある醜い部分をも隠さずに描き、読者に正確な内容紹介をしている。

キリスト教、ユダヤ教、イスラム教にも深く関係する聖書が正しく読まれ、諸宗教間に人間らしい平和な共生関係が生まれることを切望しつつ、監修者としての言葉を述べさせていただいた次第である。

監修者　関田寛雄

目次

第1章 聖書をひもとこう

第2章 天地創造

第3章 イスラエルの民の誕生～族長時代～

目次

第5章 イスラエル興亡の歴史

目次

第7章 イエスの処刑と復活

第8章 弟子たちの時代

目次

巻末資料

本文中の聖書の引用は、日本聖書協会発行『聖書　新共同訳』を用いた。
（創世記1-1～2）などとあるのは、該当箇所が創世記1章の1～2節であることを示す

第1章

聖書をひもとこう

世界中で時代を超えて読み継がれている祈りの書『聖書』。
ひもとく前に、ぜひとも知っておきたいポイントをおさえておこう。

神との出会いを綴った“祈りの書”

旧約聖書と新約聖書

そもそも聖書とは何か、旧約聖書と新約聖書の「約」とは何か、聖書をひもとくにあたってぜひともおさえておきたい。

●聖なる書物

聖書*は神と人との出会いを綴《つづ》った物語であり2,000年以上にわたって人々の心の拠《よ》り所《どころ》となってきた“祈りの書”、聖なる書物を意味する。

まず聖書をひもといてみよう。創世記《そうせいき》、出《しゅつ》エジプト記、イザヤ書などの名称が目に入る。実はこれらがそれぞれ1つの書物なのである。つまり、聖書はいくつもの書物を集めたものをいう。

聖書には**旧約聖書**と**新約聖書**があるが、これには少し説明が必要だろう。そもそも旧約聖書はもともとはユダヤ教の聖典として伝わったもので、後にキリスト教のみならず、イスラム教の聖典にもなっている。新約聖書は旧約聖書の内容を踏襲しながらイエスの死後書かれた。ただし、キリスト教では旧約聖書と新約聖書の2つを合わせて聖書というのに対して、ユダヤ教やイスラム教では旧約聖書のみを聖書としているという違いがある。

●神との契約

ところでここでいう旧約、新約といった「約」とは、**神と人との契約**を指す。旧約とは神とユダヤ人との間の古い契約を意味する。旧約聖書のなかでは、人々が神をうやまい畏《おそ》れ正しい行いをすれば、神は人を愛し繁栄をもたらす、ということを繰り返し述べている。

ところが人は神がモーセに授けた十戒《じっかい》を破り、神に背《そむ》いてしまう。神はしばしば人々に厳しい口調で警告を発したり罰を与えるが、神の民は“喉元《のどもと》過ぎれば…”で、過ちを繰り返すのだった。

そこでついに業《ごう》を煮やした神は“神の子”イエスを地上に送り、ユダヤ人のみならずすべての人々と新たな契約を結ぶ。それが新約である。

＊英語のBibleはギリシア語のBiblia（書物の意）が語源。パピルスをギリシア語でBiblosというところからきている

聖書

2つの聖なる書物

旧約聖書
- イスラエルの民族と神との契約
- 天地創造からダビデ王の時代、バビロンの捕囚を経てエルサレムに帰還するまで
- メシアの出現を預言している

→ ユダヤ教の聖典
→ イスラム教の聖典
→ キリスト教の聖典

新約聖書
- 民族を超えてイエスを信ずる者と神との新しい契約
- イエスの誕生と処刑、復活などその生涯と教えをまとめた福音書および使徒の手紙などから構成されている

→ キリスト教の聖典

キリスト教の聖典 ＝ The Bible

聖書は世界に大きな影響を及ぼした

西暦	紀元前 (B.C.)	Before Christ（ビフォア・クライスト）キリスト前の意味
	紀元 (A.D.)	Anno Domini（アンノ・ドミニ）ラテン語で“わが主の年”の意味
1週間		1週間を7日、日曜日を休息の日としたこと

イエスの磔刑
映画『Jesus』より

旧約聖書の構成

キリスト教をはじめユダヤ教の聖典ともなっている旧約聖書は天地創造に始まり、B.C.150年頃までのできごとが記載されている。

●旧約聖書の構成

旧約聖書は全部で39もの書物で構成されている。大きく分けて**五書**(モーセ五書、ユダヤ教では**トーラ**という)、**歴史書**、**知恵文学**、**預言書**、**旧約聖書続編**からなっている。またユダヤ教、キリスト教ともに聖典としているがその構成は若干異なることがある。

①**五書**……創世記、出エジプト記、レビ記、民数記《みんすうき》、申命記《しんめいき》の5つの書からなる。ユダヤ教のもっとも基本的な聖典となっている。創世記には天地創造、カインとアベルの物語、バベルの塔、ノアの箱舟《はこぶね》などよく知られた物語が多く入っており、読物としてもおもしろい。出エジプト記と民数記、申命記はモーセがエジプトを脱出してから約束の地カナンに至るできごとモーセの死までを一貫して描いている(レビ記は法規を集めたもの)。

②**歴史書**……約束の地にたどり着いてからのイスラエルの民の歴史を描いたもの。サウル王やダビデ、ソロモン、シェバの女王などが登場する。エルサレムの都と神殿の建設、バビロンの捕囚、エルサレムへの帰還などが記されている。実在の人物や事件も多く、歴史物語としても味わえる。

③**知恵文学**……人生のアドバイスや生きるための処世訓を集めた箴言《しんげん》、コヘレトの言葉のほか、信仰や祈りの言葉、絶望の淵で歌われたものを集めた詩編、愛の歌を集めた雅歌《がか》、人生の不条理を問うヨブ記などがある。

④**預言書**……イザヤ書、エレミヤ書など預言者が語った神の意志、預言者たちの激しい行動、神と人との板挟《いたばさ》みに立った預言者の内面の苦悩などが描かれている。

⑤**旧約聖書続編**……ユディト記、スザンナ記、トビト記など欧米では物語としてよく知られているが、宗派によっては収録されていない。

旧約聖書の構成

旧約聖書はヘブライ語で書かれているためヘブライ語聖書ともいう

五書（トーラ）5巻

- 創世記
- 出エジプト記
- レビ記
- 民数記
- 申命記

エルサレム

歴史書 12巻

- ヨシュア記
- 士師記
- ルツ記
- サムエル記（上下）
- 列王記（上下）
- 歴代誌（上下）
- エズラ記
- ネヘミヤ記
- エステル記

知恵文学 5巻

- ヨブ記
- 詩編
- 箴言《しんげん》
- コヘレトの言葉
- 雅歌《がか》

このほかにもローマカトリック教会やギリシア正教などでは「続編」としてユディト記やトビト記などが収録されている

預言書 17巻

- イザヤ書
- エレミヤ書
- 哀歌
- エゼキエル書
- ダニエル書
- ホセア書
- ヨエル書
- アモス書
- オバデヤ書
- ヨナ書
- ミカ書
- ナホム書
- ハバクク書
- ゼファニヤ書
- ハガイ書
- ゼカリヤ書
- マラキ書

イエスとその弟子たちの物語

新約聖書の構成

新約聖書はイエスの生涯とその教えを中心にした福音書などで構成され、イエスを神から遣わされたキリスト(メシア)とする。

●新約聖書の構成

新約聖書は大きく分けて、イエスの生涯とその言葉を伝える**福音書**《ふくいんしょ》、イエスの死後使徒たちの働きを描いた**使徒言行録**、パウロやペトロ、ヨハネら使徒たちの**書簡**、そして預言の書である**ヨハネの黙示録**《もくしろく》とで構成されている。

まず福音書とは“神のよき知らせ”という意味で、イエスの誕生から復活までをまとめた伝記のかたちをとりつつ、イエスの言葉や教えを盛り込んでいる。聖書にはマタイ、マルコ、ルカ、ヨハネによる4つの福音書が収録されている。マタイ、マルコ、ルカの3つの福音書はその構成や内容がほぼ一致していることから**共観福音書**《きょうかんふくいんしょ》と呼ばれる。4番目のヨハネによる福音書ではイエスの肉体的現実を強調し、ギリシア思想の影響で観念化する傾向に対して批判するなど、ほかの福音書にはない特徴が見られる。

この福音書の続編ともいえるのが使徒言行録である。イエスの死後、使徒たちの奮闘ぶりと新たにパウロを迎える事情、為政者らによる迫害の様子、教会の分裂など、初期キリスト教会をとりまくさまざまな困難が歴史物語のように描かれている。

また、新約聖書には21の手紙が収められている。いずれも使徒らが伝道中にしたためたもので、信徒を励ましたり、自身の福音理解を伝えるために書かれたといわれている。なかでももっとも多いのがパウロのものとされる書簡で、13通がある。パウロの生涯を見るうえでは欠かせない史料だ。

新約聖書の最後に収められたのが、新約唯一の預言書といえるヨハネの黙示録である。天変地異と人類滅亡の危機とキリスト再臨による救いの完成を描いた幻想的な内容になっており、ノストラダムスの大予言はこの書にもとづいている。

新約聖書の構成

- 福音書 4巻
  - 共観福音書
    - マタイによる福音書
    - マルコによる福音書
    - ルカによる福音書
  - 第四福音書
    - ヨハネによる福音書
- 歴史書 1巻
  - 使徒言行録
- 書簡 21巻
  - パウロの書簡
    ○○への手紙という名前で13巻
    - ローマの信徒への手紙
    - コリントの信徒への手紙ⅠⅡ
    - ガラテヤの信徒への手紙
    - エフェソの信徒への手紙
    - フィリピの信徒への手紙
    - コロサイの信徒への手紙
    - テサロニケの信徒への手紙ⅠⅡ
    - フィレモンへの手紙　ほか
  - 公同書簡
    8巻
    - ヘブライ人への手紙
    - ヤコブの手紙
    - ペトロの手紙ⅠⅡ
    - ヨハネの手紙ⅠⅡⅢ
    - ユダの手紙
- 預言書 1巻
  - ヨハネの黙示録

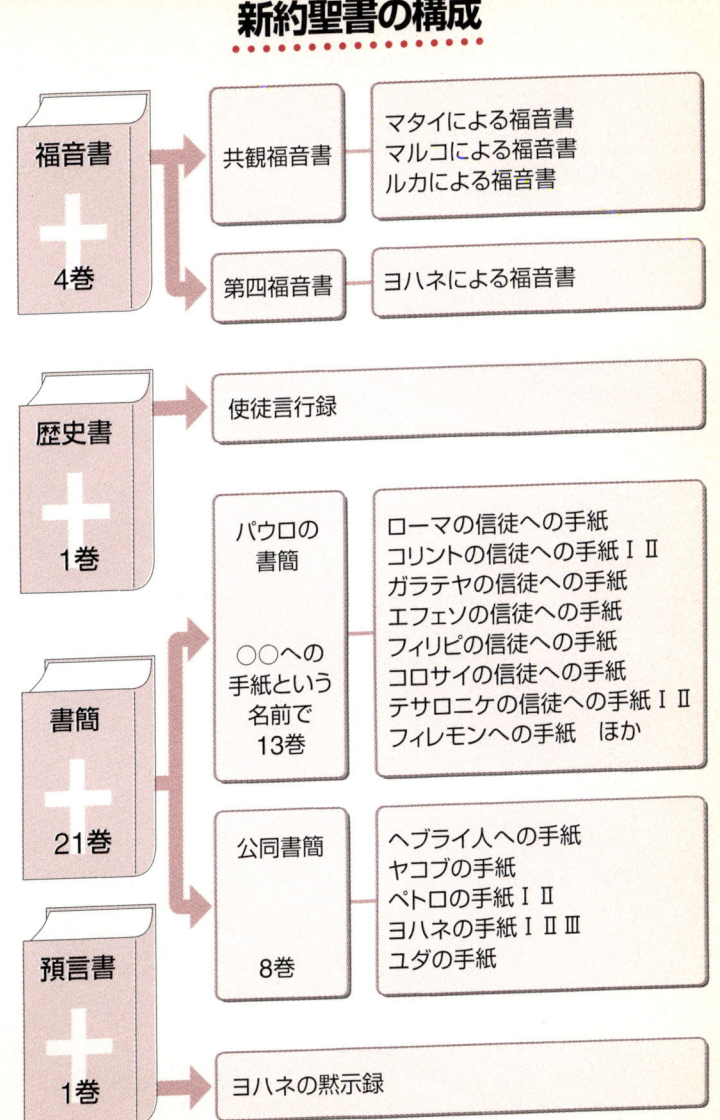

聖書成立のミステリー

旧約聖書はいつ、誰が書いたのか?

成立までに1,000年以上の歳月がかかったといわれる旧約聖書。誰がいったいどのようにして書いたのだろうか。

●旧約聖書のなりたち

旧約聖書のなかで、もっとも古い記述はB.C.1100年頃、新しいものはB.C.150年頃のものといわれている。

むろんどの民族でも神話などのなりたちがそうであるように、旧約聖書もはじめは**口伝えによる伝承**であった。それに新たな民族の物語を順次加えていったと思われる。つまり旧約聖書は、1,000年以上もの長い年月を費やして営々と築かれてきたものなのだ。記述にはところどころ矛盾が指摘されてはいるが、全体としてユダヤ民族の歴史を綴《つづ》った壮大な叙事詩になっていることは驚異といえる。

今日でもユダヤ教では**ソフェル**と呼ばれる専門家が羊皮紙に墨を用いて聖書を筆写し、巻物にして**シナゴーグ**(ユダヤ教の会堂)に納めている。古くなったものはユダヤ人墓地に埋葬するか、シナゴーグの倉庫に保管される。もちろん書き写すときには、一字一句たがわず書かなければならないというのが鉄則だ。このようにして民族としてのアイデンティティを維持していったのである。

旧約聖書の作者はほとんど不明だが、なかには名前が伝えられているものもある。たとえば天地創造にはじまる五書(トーラ)は、あの**モーセ**によって書かれたといわれている(モーセの死の記述もあるところから、モーセ自身が書きえなかったことは明らか)。サムエル記は**サムエル**、列王記はエレミア、箴言《しんげん》やコヘレトの言葉、雅歌《がか》は**ソロモン**の作とされているが真偽のほどはわからない。

また多くの書物が成立した時期は、バビロンの捕囚(B.C.597年)時代以後といわれている。

旧約聖書の作者

旧約聖書のほとんどは作者不明である。伝承されているものをあげると次のようになる。また成立は捕囚時代以降が多い

聖書		作者	成立時期	備考
五書（トーラ）		伝承ではモーセ	不明	五書は創世記、出エジプト記、レビ記、民数記、申命記の5冊
歴史書	サムエル記	伝承ではサムエル	不明	サムエルはイスラエルの最初の王サウルとダビデに油を注いだ預言者
	列王記	伝承ではエレミア	不明	エレミアはバビロン捕囚時代の大預言者
知恵文学	箴言	伝承ではソロモン	不明	作者とされるソロモンはダビデの後、イスラエルの黄金時代を築いた王。賢王として知られている
	コヘレトの言葉	伝承ではソロモン	B.C.250～B.C.25年頃	
	雅歌	伝承ではソロモン	不明	

モーセの像
中央の人物が五書の作者と伝えられているモーセ。ローマのサン・ピエトロ・イン・ヴィンコリ教会の内部にあり、巨匠ミケランジェロが制作した。大胆かつ精緻な作品でミケランジェロの代表作の1つ

新約聖書と福音書記者

新約聖書は誰が書いたのか？

イエスの伝記である福音書は誰がどのようにして書いたのだろうか、その時期はいつ頃なのかを見てみよう。

●4人の福音書記者

4つの福音書《ふくいんしょ》のうちもっとも古いとされているのが**マルコによる福音書**で、A.D.68年頃に書かれたとされている。マルコはペトロの通訳ともいわれているが、詳細は不明。**マタイによる福音書**はマルコによる福音書をベースに、80年代後半に登場する。作者は一般的にはイエスの弟子、徴税人マタイといわれているが不明。

他方、**ルカによる福音書**は80年頃といわれている。作者のルカは医者で、パウロの友人であったとされている人物である。また、使徒言行録を書いたのも同一人物である。

マタイ、ルカによる福音書は、ほぼマルコによる福音書にもとづいているが、それにイエス語録（実在した文書で**Q文書***という）をそれぞれの観点から書き足していったものと考えられている。

そして**ヨハネによる福音書**は、3つの福音書の構成を踏襲しており、研究者によると90年代に成立したともいわれている。

聖書には何人ものヨハネが登場するが、福音書作者のヨハネは、弟子のなかでもイエスにもっとも愛されたゼベダイの子ヨハネといわれている。ところでヨハネにはもう1つ、**ヨハネの黙示録《もくしろく》**がある。作者を福音書と同じ使徒ヨハネとする考えもあるが、内容がかなり過激で、謎めいた符号を盛り込むなど福音書とは著しく趣が異なる（26、202ページ参照）ため、著者はまったく別人と考えるのが一般的だ。

そのほかにさまざまな集団がイエスの生涯などを書き表したものがあり、これらを**偽典**という。パウロ福音書やトマス福音書がその代表。

*イエスの言葉を集めたもので語録福音書Qともいう。ドイツ語の資料（Quelle）の頭文字からとった。2世紀はじめに紛失

新約聖書

成立年代	名称
A.D. 30年頃	（イエスの処刑）
50年頃	テサロニケの信徒への手紙Ⅰ→パウロ
54～57年	ガラテヤの信徒への手紙→パウロ コリントの信徒への手紙→パウロ フィリピの信徒への手紙→パウロ
57～58年	ローマの信徒への手紙→パウロ
61～62年	フィレモンへの手紙→パウロ
	（ローマ皇帝ネロ、キリスト教徒を弾圧）
68年頃	マルコによる福音書
68年頃	ヘブライ人への手紙
70年頃	コロサイの信徒への手紙 エフェソの信徒への手紙 （エルサレムの崩壊）
80～100年頃	この頃多くの書物が相次いで完成した マタイによる福音書（ローマ皇帝ドミティアヌス帝、キリスト教徒を弾圧） ルカによる福音書 使徒言行録 ヨハネによる福音書 ヨハネの黙示録 ヨハネの手紙 テモテへの手紙 ティトゥスへの手紙 ヤコブの手紙 ペトロの手紙Ⅰ
120年頃	ペトロの手紙Ⅱ

聖書成立の謎を解くカギ

死海文書とは何だろう?

聖書成立などの謎を解くカギといわれている死海文書はどのようにして発見されたのだろうか。またその中身とは?

●クムランの洞窟から偶然に発見された死海文書

エルサレムの東方、**クムラン**はベドウィンと呼ばれている遊牧民が羊などの家畜を放牧して暮らしている荒涼とした砂漠である。

1947年、まだパレスチナがイギリスの統治下にあった時代、ベドウィンの1人の少年が迷子になった山羊を探すため、死海を望む険しい崖をよじ登り、たまたま崖にうがたれた小さな穴を見つけた。羊飼いは少年らしい好奇心から洞窟の淵まで登り、穴の中に落ちてしまう。するとそこには多くの土製の壺(完全な形のものやおびただしい破片)があった。その壺には羊皮紙に書かれたいくつもの巻物がしまわれていたという。

残念なことに、これらの巻物のうちいくつかは散逸し(焚き物にされたという話もある)、そこにいったいどのくらいの文書があったのか、正確な数はもはやわからないが、これらの巻物の一部は闇の古美術品市場に持ち込まれ、専門家の注目するところとなったのである。

後に周辺の洞窟も調査され、考古学的に非常に貴重な数多くの資料が発見された。**死海文書**と呼ばれる一連の資料で、イザヤ書などの**聖書の写本**や、神殿の宝物の隠し場所を記した**銅の巻物**(宝物はついに見つけられなかったが…)、**戦争の巻物**、**神殿の巻物**と呼ばれているものなどが発見されている。とりわけ戦争の巻物は軍事教練のマニュアルともいえるもので、なぜ砂漠のクムランで?　という疑問が自然にわいてくる。来るべき終末に備えてのものだったのだろうか。

死海文書は非常に古いものではあるが、科学的な分析によってB.C.2世紀からA.D.1世紀、つまりイエスの時代の少し前からイエスの処刑のすぐ後の頃のものといわれている。

死海文書

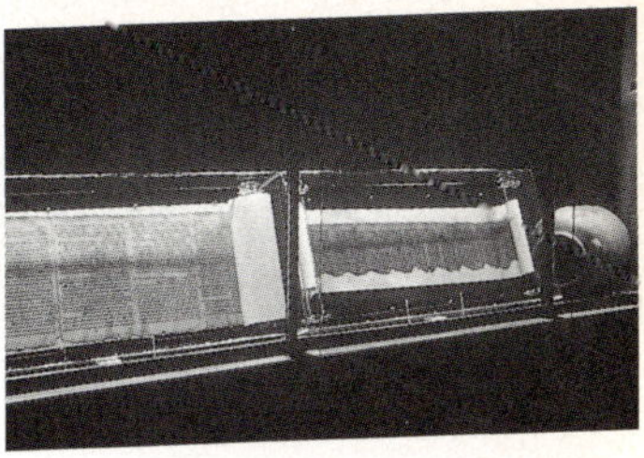

死海文書が発見された
クムランの洞窟
死海文書（右上・下）

死海文書のあらまし

書名	内容
イザヤ書写本	旧約聖書のイザヤ書の写本。聖書としては2番目に古い
銅の巻物	金や銀、宗教的な容器などが隠されている64の場所を示した目録。宝物はエルサレムの神殿に由来するものと思われる。成立はA.D.68年頃か?
戦争の巻物	戦略と戦術を記載した特殊なマニュアル。ローマとの戦争を想定し、士気を高めるためのものともいわれている。成立はA.D.1世紀頃といわれている
神殿の巻物	エルサレムの神殿の儀式をはじめ、清めや結婚、王の振る舞いなどについても触れた書物。とくに結婚の決まりについては為政者への痛烈な批判になっている

神と人との間で

神の言葉を告げる預言者たち

聖書、とくに旧約聖書には神の言葉を代弁する者として、数多くの預言者たちが登場する。彼らはしばしば人々に警告を発した。

●預言者とは？

創世記を見てみよう。神は禁断の木の実を口にしたアダムとエバに「どこにいるのか？」と話しかけているし、彼らの息子カインが弟アベルを殺したときにも「アベルはどこか？」とカインに話しかけている。まだのんびりした時代だったのだろう。やがて神は自らの言葉を代弁する者を選び出すようになる。神に選ばれ、その言葉を預かる者、それが**預言者**だ。旧約聖書では**サムエル**、**イザヤ**、**エレミヤ**、**エゼキエル**、**ホセア**、**ヨナ**など実に多くの預言者が登場する。

預言者はひとたび神から選ばれるや、その口からは王に対しても「悔い改めよ」と激しい神による叱責《しっせき》や警告を発した。

また人々の注意を促すため、預言の内容を身をもって示したり、人々の不信仰を自らの行動によって現したりもしている。預言者ホセアは、人々の偶像崇拝を告発する目的で遊女**ゴメル**と結婚し、妻が自分を裏切っても寛大に許した。このことによって、人々が偶像に心を奪われても、神はその罪を許し立ち帰りを待つことを示した。イザヤは捕囚の屈辱を示すため、裸で3年間にわたって歩き回ったし、イスラエルの民の運命を嘆いたエレミヤは軛《くびき》を作って自分の首にそれをはめるという奇妙な行動に出た。

彼らの言動や行動は非常に攻撃的であったため、しばしば人々の憎しみや反感、恨みを買い、偽預言者《にせよげんしゃ》呼ばわりされたり、迫害されたり、命をおびやかされることも少なくなかった。前出のイザヤに至っては、最期はのこぎりで切り殺されてしまったといわれている。なかには「ニネベの町に伝えるように」と神から召命《しょうめい》されながら、荷が重いと逃げ回るちょっと気弱な預言者、ヨナも登場する。

おもな預言者たち

名前	時代	説明
サムエル	B.C.1050年頃	幼い頃から預言者として召命される。イスラエルの最初の王、サウルとダビデに油を注いだ
エリヤ	B.C.9C頃	大預言者。アハブ王およびその妃イゼベルの時代に活躍した。バアルの預言者とカルメル山頂で対決
ヨナ	B.C.8C頃	アッシリアの首都ニネベに神の裁きを告げるため遣わされる。巨大な魚のなかで3日3晩生きた
ホセア		神の命令で遊女ゴメルと結婚
アモス		イスラエルの民がアッシリアに捕囚されることを預言
ミカ		ベツレヘムから新しい支配者が出ると預言
イザヤ		祭司の家の出身。王ら支配者への痛烈な批判を行ったため、のこぎりで切り殺される
ゼファニア	B.C.7C	ユダ王国の宗教の乱れに対し激しい警告をする
エレミヤ		バビロニア捕囚時代の大預言者。逃亡するユダヤ人によってエジプトに連れ去られその地で殉教
エゼキエル	B.C.6C頃	バビロン捕囚中に活躍した預言者。イスラエルの民への警告、そして民の苦難が終わることを預言
ハガイ		バビロン捕囚後、神殿の再建を促す
ゼカリヤ		すべての民がエルサレムに巡礼に来ると預言。イエスの出現を思わせる神の託宣を述べた

ほかにも旧約聖書には個性的な預言者たちが多く描かれている

神の伝令
聖書に登場する天使と悪魔

聖書にはしばしば天使と悪魔が登場する。両者はもともと同じ神の使いとして位置付けられていた。

●神の声を伝える天使

絵画でよく描かれている**天使**は、美しい羽を持った美青年であったり、ふっくらした巻き毛のかわいらしい子どもだったりする。天使は英語でangelsだが、もともとはヘブライ語の「伝令、使者」を訳したギリシア語のアンゲロスに由来している。神と人間との間にいる霊的な存在で、常に神の代理者としてその言葉を伝えたり、神の意志を実行するという非常に重要な役割を果たしている。

旧約聖書や新約聖書では、こうした天使がしばしば登場している。たとえば旧約では神の怒りをあらわにしてソドムの町を一瞬に滅ぼしてしまった。また新約では、イエスを身ごもったことをマリアに告げたり、墓に葬られたイエスの復活を伝えるという役目を果たしている。聖書には**ミカエル**、**ガブリエル**、**ラファエル**、**ウリエル**といった天使が登場する。後の画家たちはミカエルに剣、ガブリエルにユリを持たせて区別している。

●天上から追放された悪魔

悪魔は“悪の権化”という印象が強いが、もともとは天使長の１人であり、人間の忠誠心を試す役割をしていた。やがて神と人間の敵となり、大天使ミカエルと戦って破れて天上から追放されてしまう。悪魔の大ボスが**サタン**だが、英語のdevil はヘブライ語のサタンをギリシア語訳したときのdiabolos（ディアボロス、中傷誹謗《ちゅうしょうひぼう》する者の意味）に由来する。

神に敵対する者として位置付けられ、その姿はしばしば角やしっぽが付けられるなど、考えられる限り醜悪な姿で描かれることが多い。聖書ではエデンの園でアダムとエバを誘惑するヘビの姿で描かれたり、ヨハネの黙示録ではドラゴンの姿で登場する。

天使と悪魔

天使
悪魔（サタン）
大きな羽がある
全体が白く輝く
たいてい
美青年である
しっぽが付けられることが多い
動物の体の一部やドラゴンの体などを合体した奇異な姿で描かれる
●神の言葉を人に伝える
●神の意志を実行する
●人を保護する
●もと天使長の1人
●人間の忠誠心を試す役割をしていた

聖書に登場する天使

名称	特徴
ミカエル	大天使。天使軍の隊長。一般に鎧《よろい》を身にまとい、剣を振りかざして退治したヘビやドラゴンを足で踏みつけている姿で描かれることが多い
ラファエル	大天使でユダヤ教徒トビトの一家を救う。トビト記に描かれている。トビトの小さな息子、トビアについてメディアまで一緒に旅をし、トビアを助ける。トビアは戻って父親の目を治す。このことから旅人の守護と考えられている
ガブリエル	大天使。旧約聖書のダニエル書に登場するほか、新約聖書では洗礼者ヨハネの誕生やマリアに受胎を告知する際に登場する天使とされている。ユリの花を持っていることが多い
ウリエル	ユダヤ教の外典に登場する天使

絶望の淵の希望

神の審判は下るのか？

ヨハネの黙示録に記述されている恐ろしい災いの数々はどれも衝撃的な内容だが、それを思わせる災いは歴史上もずっと起きている。

●"X"デーは来るのか？

ヨハネの黙示録《もくしろく》に登場する**ハルマゲドン**という言葉は、かんじん要《かなめ》の黙示録以上にポピュラーかもしれない。映画のタイトルにもなり、人類滅亡の危機、終末の意味にとられているが、そうではない。実は地名で、かつての古代カナン人の首都でイスラエルの古戦場《こせんじょう》であった**メギド**（現在のハイファの南東）を指している。黙示録では悪霊がその地に軍を集結させたとある。

黙示録の作者であるヨハネは、あるとき封印されていた災い——戦争、疫《えき》病《びょう》、地震など——が次々に地上に起こるという幻を見る。この災いは次第にスケールアップしていき、最後には地獄絵図《じごくえず》さながらの光景が展開されるというものだ。そしてすべての人も悪も死に絶えた後、天国へ行く者と地獄に落ちる者を神が選び出し（**最後の審判**）、そこに新しい神の国が創造されると説く。

ヨハネは、この書物を90年頃に書いたとされているが、その目的はローマによって迫害されている信者らを励ますためだったといわれている。迫害者は神の裁きを受け、迫害したローマは滅び、迫害された者には神の国が用意されているというものだ。聖書時代においては、ローマによる迫害こそが災いそのものだったのだろう。

ところで現代でも広島や長崎への原子爆弾の投下、ベトナム戦争、チェルノブイリ原発の事故をはじめ、疫病や地震、洪水など、ヨハネの黙示録を彷《ほう》彿《ふつ》させる災いは尽きない。"X"デー*を予言して不安をあおるのは危険だが、1,900年前に書かれたヨハネの黙示録は、読み手に対する警告であるとともに、絶望したときには希望を与える書物といえる。

＊日本でもよく知られたノストラダムスの大予言は、その日を1999年7月とした

現代文明の危機を問う災い

1923年	関東大震災	首都東京を襲った大地震により、東京が潰滅的な被害を受けたほか大勢の市民が死亡した（死者10万人）
1942年（ヴァンゼー会議開催）	ナチスによる大虐殺	ユダヤ人の大量虐殺を決定したヴァンゼー会議が開かれ、ヨーロッパ全土のユダヤ人1,100万人を対象にした大虐殺が始まった（600万人が犠牲に）
1945年	広島、長崎に原爆投下	一瞬にして町が消滅。聖書に記載された地獄絵図が現実のものとなった。広島では爆心地の半径500mにいた人の90%が即死、1950年までに24.5万人が死亡している
1954年	ビキニ環礁水爆実験	水爆実験により、第5福竜丸が被爆した。人類は原爆に次いで第二の核兵器を手にした
1965年（北爆開始）	ベトナム戦争	アメリカ合衆国が北爆を開始。終わりなきジャングルのゲリラ戦に多くの犠牲者が出た。また枯葉剤により地上の植物が死滅
1975年	カンボジアの大虐殺	軍事政権、ポルポト派により、カンボジアの市民（知識層や技術者ら）が大量に殺害された
1976年	唐山大地震	中国の唐山で震度11という最大級の地震発生。死者は24万人を超えた
1986年	チェルノブイリ原発事故	ウクライナで原子力発電所が突然爆発。ヨーロッパの広い範囲にわたって放射能汚染が広がった

メシアは出現したか？

メシア待望論

聖書ではイスラエルの民が神の試練に苦しむとき、必ずそこから救い出してくれる救世主の待望がなされた。イエスはメシアか？

●メシアとは？

イスラエルにまだ王がいなかった時代、人々は王がいれば国がうまく治まるだろうと考えた。そこで神に「自分たちにも王をください」と祈ったのである。聖書ではしばしば預言者が神から示された人物に油を注ぐという記述が出てくる。最初に油を注がれた者がサウル王である。そしてダビデ、ソロモン…と続く。**メシア**とはヘブライ語で**“油を注がれた者”**という意味があり、救世主を意味する。もっともユダヤの人々が考えるメシアとは、あくまでもダビデに象徴される政治的な指導者、イスラエルの王を意味する。そのためメシアはダビデの家系から誕生すると考えられた。

●イエスはメシアか？

預言書であるイザヤ書には、イエスの誕生を預言している箇所がある。新約聖書ではイエスはダビデの家系であるとしているし、数々の奇跡を人々に示した。人々はイザヤ書の記述と重ね、彼こそ待ち望んだメシアであり、自分たちの王となる人物と考えるようになった。人々は何度もイエスに「あなたはメシアか？」と問いかける。イエスはそれに対しては明確に答えず、神の子を示唆するにとどめる。

イエス自身もエルサレムに入る前には、子ろばを調達し、それにまたがってエルサレムの城門を目指した。メシアは子ろばにまたがってやって来るという言い伝えがあったからだ。人々は歓喜しイエスを王であるかのように熱烈に迎えるが、イエスはローマの支配からユダヤ人を解放する英雄とはならなかった。人々は大いに失望する。しかし、イエスは十字架にかけられることによって、信仰による神の愛の支配を確立した。その意味ではイエスこそ待ち望まれた救世主といえる。

メシア

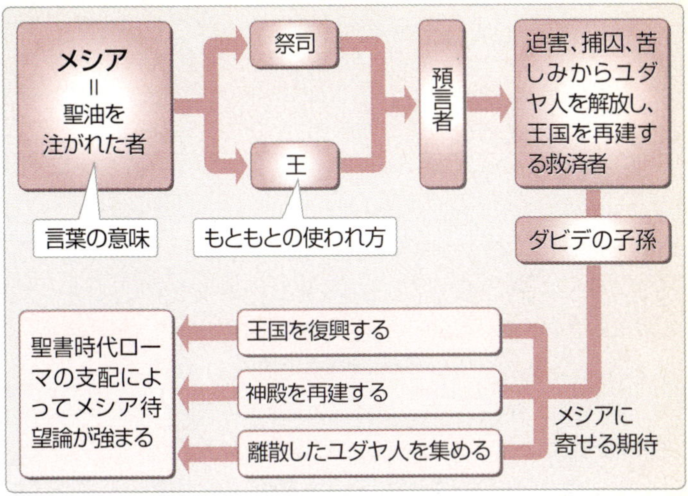

映画『Jesus』より

イエスのエルサレム入城

イエスは子ろばに乗ってエルサレムに入った。これはゼカリアが預言したメシア到来（ゼカリア書）の成就とされる。ろばは謙虚と忍耐のシンボル、人々が道に敷いたシュロ（ナツメヤシの葉）は殉教のシンボル

ルーツを同じくする２つの宗教

ユダヤ教とキリスト教はどう違う？

ユダヤ教から生まれ、同じ旧約聖書を聖典としながら、ユダヤ教とキリスト教の間には大きな違いがある。

●ユダヤ教とキリスト教

キリスト教でもイエスの先祖はイスラエルを建国したダビデ王にさかのぼる。イエス自身もユダヤの血を引く者として、生まれてすぐに割礼《かつれい》を受けているのだ。さらにイエスは、子どもの頃からユダヤ教を学んでユダヤ教の教えや律法にも精通している。ところがユダヤ教をベースとしつつ誕生したキリスト教はユダヤ教といくつかの点で大きく異なっていた。

まず、11ページでも書いたように、ユダヤ教の聖典は旧約聖書のみ。またそれを補うものとして**タルムード**と呼ばれる律法集が使われる。それに対してキリスト教では旧約聖書、新約聖書を聖典としている。

その教えについても、神の義を重んじて律法を忠実・厳格に守ることを第一と考えるユダヤ教に対して、イエスは安息日のタブーなどユダヤの戒律を自ら破ってみせ、神に対する信仰があれば人はみな救われると説いている。そしてイエスは当時のユダヤ人が蔑《さげす》んでいたサマリア人*たちに対しても救いの手を差し延べ、ユダヤ教の祭司らを驚かせた。

またキリスト教では、時が満ちてイエス(メシア)がついにこの世に遣わされ、イエスの死と復活をもって旧約預言者のメシア待望の預言が成就したと信じられているが、ユダヤ教では神の子イエスが十字架にかかって死に復活したという話を否定し、イエスはメシアではないとしている。したがっていまだにメシアの出現を待ち続けている。

そして最後に、ユダヤ教では神は唯一絶対のものであるのに対して、キリスト教では神と神の子イエス、そして聖霊の３つが一体になったもの(**三**《さん》**位一体**《みいったい》という。右ページ参照)と考えている点で大きく異なっている。

*ユダヤ人でありながら捕囚時代に異教徒と結婚した者の末裔。ユダヤの血を汚したとして聖書時代にはユダヤ人から蔑まれていた

ユダヤ教とキリスト教

項目	ユダヤ教	キリスト教
神との契約	神がイスラエルの民と交わしたトーラは不変である	神がすべての人と交わした契約（新約）を信仰する
聖典	旧約聖書	旧約聖書、新約聖書
神	唯一絶対のヤハウェの神のみ	唯一神であるが父と子、聖霊の三位一体
神の形	形がなく、目で見ることはできない	イエスの生涯と教えは神を指し示す「かたち」と考えている
救世主	王国を復興して神殿を再建するなど政治的な指導性を発揮する者を指す	イエスそのものが救世主である

三位一体

父（神）、神の子（イエス）、聖霊は3つにして1つ

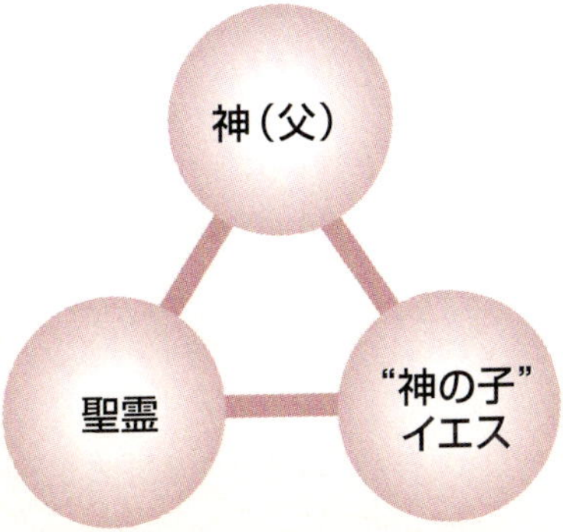

イエスが洗礼を受けたとき、聖霊がイエスにとまった。鳩は聖霊のシンボルとされている（映画『Jesus』より）

なぜユダヤ教は世界宗教になれなかったのか？

ユダヤ教の本質に迫る

キリスト教やイスラム教といった宗教の母体となったユダヤ教だが、なぜ世界的に広まらなかったのだろうか。

●約束の地をめぐって

ユダヤ教は、神がアブラハムやモーセに約束した“約束の地”**カナン**をめぐる周辺諸国との抗争のなかから生まれたといえる。この“地”に入るため、神は率先して土地の争奪戦に加担する。たとえば**エリコの戦い**では、ラッパを吹くだけで城壁をうち崩すといった神の業《わざ》を見せ、神が与えた土地であるとその正当性を示した。その後も聖なる“約束の地”をめぐって抗争を繰り返し、ダビデの時代には信仰のシンボルともいえる神殿を**エルサレム**に建設する。このエルサレムこそ、ユダヤ人の心の故郷となった。

ユダヤの神は厳しく妥協を許さない。ひとたび人々が神に背《そむ》くや、さまざまな試練を課す。バビロニアとの戦争では多くのユダヤ人が捕虜として連れ去られた(**バビロンの捕囚**)。さらにイエスの死後、ユダヤ人はローマと戦い、ついにエルサレムを追われて異郷の地に散り散りになる。彼らが「いつかメシアが苦しみから解放してくれる」と待ち望むのも無理からぬ話である。

●複雑な律法が足かせになった？

ユダヤ教では、あくまでも**神(ヤハウェ)**と契約を交わした者が救済の対象となっている。割礼、安息日、豚肉を食べないということはよく知られているが、そのほかにも神の律法にはさまざまなものがあった。

わが国でも中世には、戒律の厳しい仏教への反省から、念仏を唱えるだけで極楽往生できるといった新しい仏教のウェーブが起こり、民衆から圧倒的な支持を受けたいきさつがある。単純に比較はできないだろうが、同様のことが2,000年前のパレスチナで早くも起こったとも考えられる。イエスの運動は神をより受け入れやすくしたものであり、その後多くの人々に支持される結果になった。

ユダヤの神

神との契約

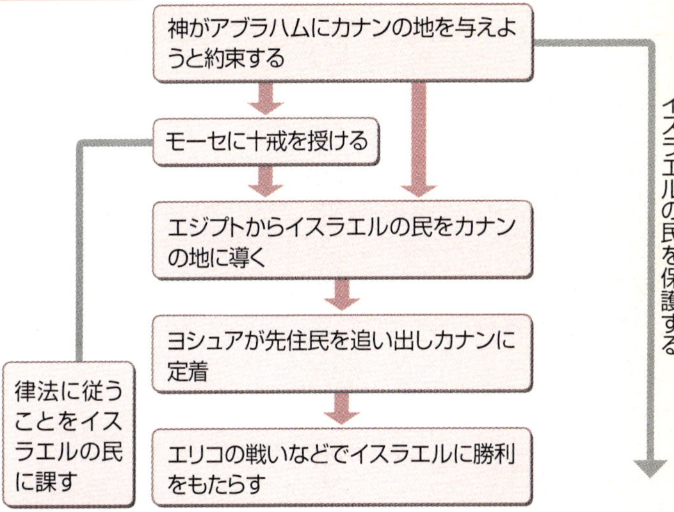
神がアブラハムにカナンの地を与えようと約束する
モーセに十戒を授ける
エジプトからイスラエルの民をカナンの地に導く
ヨシュアが先住民を追い出しカナンに定着
エリコの戦いなどでイスラエルに勝利をもたらす
律法に従うことをイスラエルの民に課す
イスラエルの民を保護する

厳しい戒律

種類		内容
聖書に書かれたもの	十戒	もっとも基本的なもの
	食べ物に関する戒律（カシュルート）	●豚肉、馬肉は不可 ●うろことひれのない魚は不可 ●乳と肉をいっしょに料理しないなど
全部で613（うちタブーは365個）ある	割礼	男子の包皮を切ること。契約のしるしとして必ず行わねばならない
聖書以外のもの	タルムード	聖書以外の戒律で数は多い。日常生活の細部にまで及ぶ

マホメットと聖書

イスラム教とキリスト教は兄弟

現在10億人といわれる信徒の数を誇るイスラム教。その創始者とされるマホメットもまた聖書と深い関係にある。

●イスラム教の父、マホメット

マホメットは、砂漠を行き交いする隊商《たいしょう》の名門出身で、6世紀に預言者として登場する(マホメットは**最後の預言者**といわれている)。彼は大天使ガブリエルから神の啓示を受け、神の教えを砂漠の民に伝え始めた。

マホメットが目指したものは、唯一絶対の神への信仰である。それまでアラビア半島では聖石信仰《せいせきしんこう》、自然物のすべてに宿る霊への信仰、女神信仰などがあったが、それらを否定し、唯一絶対の神、**アッラー**のみを信ずるように説いた。イスラム教の起こりである。

なおマホメットは結婚していたが、息子がいなかったため後継争いが起こり、イスラム教は正統派であるスンニ派とシーア派とに分かれた。

●聖書から強い影響を受ける

マホメットの教えをその死後弟子たちがまとめたものが**コーラン**だが、その中身はかなり旧約聖書や新約聖書の影響を受けている(ただし、マホメットによれば旧約聖書も新約聖書も間違いだらけとなるのだが)。以下おもだったところを簡単に紹介しよう。

イスラム教のコーランによればイエスは神の子ではなく、預言者であるとし、同じ預言者でもマホメットのほうが格が上だとしている。さらにイエスについては、処刑では死なず復活もしていないとしている。イエスは翼を持つ者にともなわれて天に昇り、この世の終わりでは再び地上に現れるというようにかなり変更されている。もっとも大きな違いはアブラハムが息子イサクを生贄《いけにえ》にするところで、コーランではそれをイシュマエルであったとしたことだ。

＊イスラム教のイスラムとは服従する者、すなわち神に服従することを意味している言葉

聖書に記された2つの民

キリスト教とならび世界的に広まった宗教、イスラム教もまた旧約聖書を聖典としている。もともと聖書にはイスラエルとアラブの2つの民のルーツについて次のように記されている

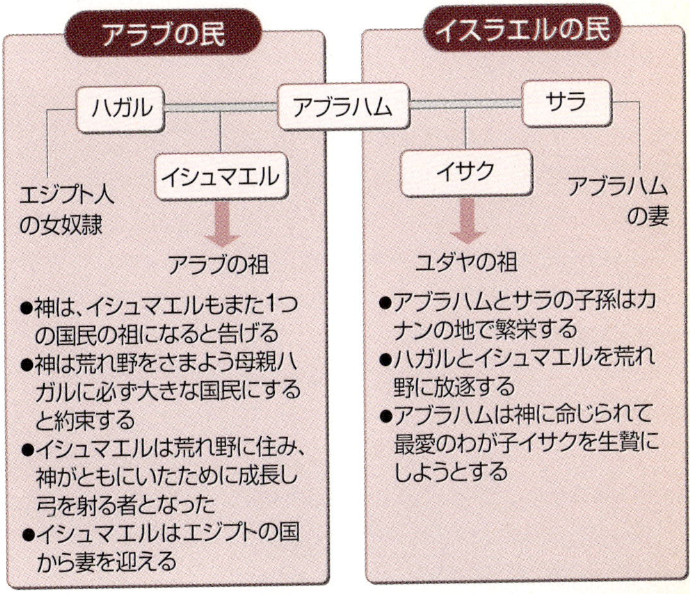

アラブの民

- 神は、イシュマエルもまた1つの国民の祖になると告げる
- 神は荒れ野をさまよう母親ハガルに必ず大きな国民にすると約束する
- イシュマエルは荒れ野に住み、神がともにいたために成長し弓を射る者となった
- イシュマエルはエジプトの国から妻を迎える

イスラエルの民

- アブラハムとサラの子孫はカナンの地で繁栄する
- ハガルとイシュマエルを荒れ野に放逐する
- アブラハムは神に命じられて最愛のわが子イサクを生贄にしようとする

エルサレムにある岩のドーム（または黄金のモスク）。7世紀にエルサレムを支配したイスラム教徒によって建てられた。預言者マホメットはここから昇天したという伝説がある

聖地をめぐって
火種をかかえ続けるパレスチナ

パレスチナは豊かな蜜の流れる地として古くから抗争の種となっていたが、3つの宗教の故郷でもあることから今日でも紛争が絶えない。

●3つの宗教が交わる地

イスラエルの首都、エルサレムの町は3つの宗教、つまりユダヤ教とキリスト教、そしてイスラム教の聖地が重なっている。

①**ユダヤ教の聖地**……エルサレムは偉大なダビデ王が都とした町で、モーセが神から授かった十戒《じっかい》を納めたという聖櫃《せいひつ》を置く神殿が建てられた場所である。神殿が完成するや、エルサレムは宗教の中心地となった。ユダヤ人が離散してからは世界各地からエルサレムに向かい祈りが捧げられた。

②**キリスト教の聖地**……エルサレムはイエスが処刑された場所、ゴルゴタの丘のほか、イエスが埋葬され復活した場所など、数多くの聖地を抱えている。イエスが処刑されたゴルゴタの丘には4世紀に聖墳墓教会《せいふんぼきょうかい》が建てられ、カトリック、ギリシア正教会などの聖所となっている。ヨハネの黙示録《もくしろく》では、神の審判が下った後に、新しい聖都エルサレムが天上から下ってくると記載している。エルサレムはキリスト教徒にとって歴史的遺跡としての意味はあっても、信仰の根拠にはしていない。

③**イスラム教の聖地**……イスラム教では、マホメットが天使によってこの地に導かれ昇天したと考えられている。エルサレムにある岩のドームは、その昇天(**ミラージュ**)の地とされている場所にイスラム教徒が建てたものだ。また、イスラム世界では、この場所はアブラハム(ユダヤ人の先祖でもあり、イエスの先祖にもあたる)が、息子イシュマエルを神の生贄《いけにえ》に捧げようとした場所でもあるという。

過去にもイスラム教徒に支配されたエルサレムを奪回しようと十字軍が結成され、1099年には十字軍によりエルサレム王国が建国されたが、後に再びイスラム教国の支配に入るなど、複雑な歴史を持っている。

カナンの地をめぐる変遷

国の変遷		年代	おもなできごと
		B.C. 1300〜1200	●イスラエルの民、出エジプトとカナン征服
イスラエル		1000	●ダビデがイスラエルを統一エルサレムを首都に定める
ユダ王国	イスラエル王国		
	アッシリア侵攻	721	●イスラエル滅亡
バビロニア侵攻		586	●ユダ滅亡 ●バビロンの捕囚
ユダヤ共同体	ペルシア	538	●エルサレム帰還 ●ペルシア支配下における自治
	エジプト、シリアなど		
	ローマ	63	●ローマ支配下における自治
		A.D.70	●ユダヤ戦争で敗北
ビザンチン帝国		313	●ビザンチン帝国による支配
アラブ、セルジュク・トルコ		634	●アラブ、セルジュク・トルコによる支配
エルサレム王国		1099	●第1回十字軍 ●エルサレム王国樹立
エジプト		1291	●エジプト、マルムーク朝による支配
オスマントルコ		1516	●オスマントルコによる支配
イギリスの委任統治		1917	●オスマン帝国の崩壊 ●シオニズム運動
イスラエル		1948	●イスラエル建国
		1967	●第3次中東戦争、東エルサレムと西エルサレムの統合
		1995	●ベツレヘム、パレスチナの管理下に
		1997	●ヘブロン、パレスチナの管理下に

ユダヤ人の離散時代（A.D.70〜1948）

現代に伝わる聖なる遺物
聖骸布と真の十字架

イエスの遺品といわれているものが各地に残されている。その代表的なものが聖骸布と十字架だ。

●トリノに残る聖骸布

イタリアのトリノにある洗礼者聖ヨハネ大聖堂の礼拝堂には、イエスの処刑後、埋葬のために身を包んだとされる**聖骸布**《せいがいふ》が大切に保存されている。

この布には、不思議なことに人の姿がくっきりと出ている。イエスの御絵といわれているもので、布にはほかにもイエスのものと思われる血痕が付着している。この布になぜ人の姿が浮き出るのかは大きな謎だが、最近では科学のメスが入れられ、人の汗や皮脂などが付着したところにバクテリアやカビが繁殖した結果、自然に浮かび上がったものとされている。またこうした微生物が繁殖したときに生じる天然のプラスティック(バイオプラスティック)は、浮き上がった人物像全体を保護する役目も果していたらしい。ちなみにこの布の持ち主は、付着していた血痕から鑑定して、男性で、ＡＢ型の人だったとも報告されている。

●真の十字架

イエスが処刑されたときの“**真の十字架**”を保管しているという教会は少なくない。ヴァチカンのサン・ピエトロ寺院、ウィーンのシャルル・マーニュ十字架教会、ミラノの聖マルコ・カテドラルなどである。

伝説では326年、コンスタンティヌス1世の母親であるヘレナがエルサレムを訪れ、現在聖墳墓教会があるゴルゴタの丘を捜索し、埋められていた3つの十字架を捜し当てた。その1つの十字架に死んでまもない人を横たえたところ、たちまちに息を吹き返したという。後に、その上に聖墳墓教会が建てられた。十字架はそれからしばらくエルサレムに保管されていたが、614年にいったんペルシアの手に渡る。628年にはビザンチン皇帝が奪回し、629年に再びエルサレムに返還されたとある。

聖遺物伝説

キリスト教の広まりとともに、イエスや使徒らにまつわる遺品も捜し出された。各地に残る聖遺物伝説をいくつか紹介しよう

十字架

イエスが磔刑に処せられたときの十字架。4世紀に発見され、エルサレムにあったが、その部分がいくつかに分けられサン・ピエトロ寺院ほか各地の教会に保管されている

ローマのサン・ピエトロ寺院
真の十字架や聖顔布など聖遺物が多く保管されている

聖骸布《せいがいふ》

イエスを埋葬したときにその身を包んでいたとされる亜麻布。イエスと思われる人の姿がくっきりと浮かび上がり信者の信仰の対象となっている。トリノの洗礼者聖ヨハネ大聖堂所蔵

聖ミカエルの楯と剣

大天使聖ミカエルのものとされている楯と剣がフランスのモン・サン・ミッシェル修道院に安置されているという

聖顔布《せいがんふ》

イエスが十字架を背負ってゴルゴタの丘まで歩いたとき、1人の婦人（聖ヴェロニカ）が自分のヴェールでイエスの顔の汗を拭ったところイエスの顔が布に印されたという

東方の三博士の聖遺骨

イエスが誕生したとき、その祝福のために贈り物を持ってかけつけた3人の博士の遺骨とされているもの。ミラノのサン・テウストルジョ教会にはその一部があるという

Column

唯一絶対の神、ヤハウェ

聖書を生み出したカナンの地では神をエルといったが、最高の畏敬《いけい》の念をこめてエロヒームと呼ばれた。エロヒームは旧約聖書の**創世記**にも登場するが、ヘブライ語でエルの複数形である。このことからカナンには複数の神がいたことがうかがえる。ところがイスラエルでは、神＝エロヒームとしつつ、唯一絶対の存在を指した（この場合、複数形は神の栄光の多様な顕現を象徴するとされる）。ここにイスラエルの信仰の特異性が見られる。

出エジプト記になると、神はモーセに対して「わたしはある」とはじめて語る。ヘブライ語では「ある＝存在する」はヤハーという動詞が使われることから、研究者の間では神の名＝ヤハウェでほぼ一致している。後に新約聖書の**ヨハネの黙示録**では、神は「わたしはアルファでありオメガである」と語る。アルファはギリシア語のアルファベットのはじめ、そしてオメガは最後であり「わたしはすべてである」という意味になる。

どちらにしても、日本人が日常イメージする神とはまったく異なっているので注意したい。聖書の神は、天地を創造した造り主であり、ときには愛と慈しみの存在として、ときには激しい怒りの刃を向ける存在として君臨する。

第2章

天地創造

天地創造に始まり、アダムとエバの失楽園、ノアの箱舟など、
旧約聖書の最初の書『創世記』の有名なストーリーを見てみよう。

世界はどのようにつくられたか？
天地創造の7日間

［創世記1~2章］

有名なストーリーが数多く登場する創世記。冒頭は天地創造の物語。神はどのようにして天地をつくったのか。

●1週7日制の起源は聖書にある

「初めに、神は天地を創造された。地は混沌であって、闇が深淵の面にあり、神の霊が水の面を動いていた。神は言われた。『光あれ。』こうして、光があった。」（創世記1-1～3）

聖書の冒頭で神は、**天地の創造**を行う。最初に光を創造し、次いで大空、陸と海、植物、天体、生き物、そしてすべての生き物を支配するものとして、神は自分の形に似せて人間の男女をつくった。神はこれらを6日間で創造し、7日目は休んだため「第七の日を神は祝福し、聖別された。」（創世紀2-3）

これが**安息日**の始まりであり、1週7日制や、週に1度休むことの起源でもある。ただし本来は土曜日が安息日で、ユダヤ教徒は現在でも土曜日*に仕事を休み、礼拝を行っている。キリスト教徒も当初はこれを受け継いだが、後にキリストが復活した日曜日を安息日とするようになった。

●聖書のなかに天地創造の物語が2つある

ところで、実は聖書に2つの天地創造の物語があることをご存じだろうか。それは冒頭の1章と2章にある。

上記の引用は1章のもので、2章になると、文体も変わり、創造の順番も異なる。1章での創造の順番は右図の通りだが、2章では人間の男、エデンの園、樹木、川、獣、鳥、人間の女の順番でつくられるというように人間の創造に重点が置かれている。

こうした矛盾の原因はとても単純で、両者がまったく異なる時代に書かれた物語だからである。もともと聖書は、さまざまな時代や場所で書かれたものを1つにまとめたものなので、時々こうした矛盾が出てくる。

＊厳密にいうとユダヤ教徒の安息日は、金曜日の日没から土曜日の日没までを指す

天地創造の順序

日	創造	内容
1日目	光	光と闇を分け、光を昼と呼び、闇を夜と呼んだ
2日目	水と空	大空をつくり、大空の下と大空の上に水を分けた。大空を天と呼んだ
3日目	陸と海、草木	天の下の水を集め、海と地を分けた。地には草木を芽生えさせた
4日目	天体	昼に輝く太陽、夜に輝く月と星、季節と日をつくった
5日目	海と空の生き物	魚など海に生きる水中生物と、空を飛び交う鳥をつくった
6日目	地上の生き物と人間	地の獣、家畜、人間の男女をつくった。神は自分にかたどって人間をつくった。そして人間はすべての生き物を支配するものとなった

天地万物の完成

日	創造	内容
7日目	安息日	神は、すべての創造が終わったことを祝して休んだ。第7の日を聖別した

上記は創世記1章の記述における順序

人はどのようにつくられたか？

人類の祖先、アダムとエバをつくる

［創世記1～2章］

人類の祖先としてつくられたアダムとエバ。人間の男女はどのようにしてつくられたのだろうか。

●土からつくられたアダム、アダムの骨からつくられたエバ

「主なる神は、土（アダマ）の塵で人（**アダム**）を形づくり、その鼻に命の息を吹き入れられた。人はこうして生きる者となった。」（創世記2−7）とあり、まず男がつくられる。しかし、神は人が“独り”でいるのはよくないと思い、獣や鳥をつくってアダムの前に披露したが、人の相手としてどうもしっくりこない。

そこで神は、アダムを眠らせ、そのあばら骨の一部を抜き取り、その骨で女をつくりあげた。こうしてつくられた女は後に**エバ**＊（命の意味）と名付けられ、アダムのよき伴侶となった。聖書の時代には、まだ男性優位主義の考え方があったのだろう。アダムはこのとき「ついに、これこそ、わたしの骨の骨　わたしの肉の肉。」（創世記2−23）と語り、エバとの出会いを神に感謝している。ちなみにユダヤには「アダムが帰宅するたびにエバは夫のあばら骨を数えた」という、女性のやきもちをからかったジョークがある。

アダムとエバは**エデンの園**で幸せに暮らしていたが、幸せは永遠には続かなかった。2人は後に楽園を追放されることになる。

●エバの前に別の女性がいた？

創世記の1章によれば人間の男女は同時につくられ、2章によれば女が後でつくられたことになっている。42ページでは、この矛盾はそれぞれ別の時代に書かれたものだからだと説明したが、こんな話もある。

ユダヤの民話によれば、エバの前に**リリト**という女性がいた。ところが、彼女とアダムとの相性は、あまりよくなかった。そこで、代わりにつくられたのがエバ。エバがアダムのよき伴侶となったのは前述の通りである。

＊エバ（Eva）を英語読みすると、イブ（Eve）である

アダムとエバはどのようにつくられたか

土の塵で人を形づくり、その鼻に命の息を吹き込んだ → 人（アダム）の誕生

↓

神は人が独りでいるのはよくないと考え、土から獣や鳥をつくった → 動物ではアダムの伴侶になれなかった

↓

神はアダムを眠らせ、アダムのあばら骨の一部を抜き取り、その骨で女をつくった → 女（エバ）の誕生

↓

神はアダムにエバを会わせた

ついに、これこそ
わたしの骨の骨
わたしの肉の肉。
これこそ、
女（イシャー）
と呼ぼう。
まさに、
男（イシュ）から
取られたものだから。
（創世記2-23）

アダムはエバに会ったときの喜びを上のように表現し、
エバはアダムのよき伴侶となった

●アダムとエバの名前の意味

アダム……土（ヘブライ語でアダマ）からつくられたから
エバ………ヘブライ語で命の意。彼女がすべて命あるものの母となったから

蛇の誘惑と禁断の木の実

アダムとエバの楽園追放

［創世記3章］

エデンの園で幸せに暮らしていたアダムとエバだったが、禁断の木の実を食べたことで楽園を追放され、新たに試練を課せられた。

●人類最初の罪

アダムとエバはエデンの園で自由に暮らしていたが、たった1つ、園の中央にある**善悪の知識の木の実**を食べることだけは禁じられていた。しかし、**蛇の誘惑**に負けたエバが、その禁断の木の実を食べると、次いでアダムもそれを食べてしまった。行為自体は小さなことだが、2人が神に背いたことは明らかだった。

この事件は、後のキリスト教における**原罪の教理**の根拠ともなった。善悪の知識の木の実とは「善から悪までを知る」、すなわちすべてを知るという意味がある。全知は神のみの能力であり、人間がそれを持つことは神を畏れぬ罪とされた。罪＝神への反逆だからである。

ところで、善悪の知識の木の実は一般的にはリンゴといわれるが、定かではない。英語では喉《のど》ぼとけのことを「アダムのリンゴ（Adam's apple）」というが、これは、アダムが善悪の知識の木の実を食べたときに、木の実を喉《のど》につまらせてしまったことに由来する。

●二人に課せられた試練、そして楽園追放

神に問いつめられたアダムは、エバに罪をなすりつけ、エバは蛇のせいにした。神は、蛇を呪われるものとし、生涯這い回り、塵を食らうものとした。

もちろん神は、アダムとエバにも試練を与えた。エバに対しては出産の苦しみを、アダムに対しては生涯食べ物を得るために働く苦しみである。そしてこのとき永遠の命も奪われ、いつか死ぬときがくることを定めたのである。

また、2人の苦しみはすべての人類に引き継がれるものとなった。つまり、われわれ現代人は、アダムとエバの子孫なので、同じ苦しみと死から逃れられないというわけである。そしてアダムとエバは、楽園から追放された。

アダムとエバの罪と罰

神への離反（アダムとエバが罪を犯す）

蛇=悪魔の化身にそそのかされたアダムとエバは、神に背き、禁断の木の実を食べてしまう。禁断の木の実を食べた途端2人は、裸でいることが恥ずかしくなりイチジクの葉で腰を覆い隠した

↓

神は2人に罰を与える

神は怒り、男とその子孫には労働の苦しみを、女とその子孫には出産の苦しみを与えた。そして永遠の命も奪われた

男→労働の苦しみ　**女→出産の苦しみ**

↓

楽園追放

↓

アダムとエバがエデンの園から追放されたときから、人類には必ず死が訪れるようになった。そして2人の子孫である現代人は、彼らと同じように労働の苦しみと、出産の苦しみを味わい続けているのである

人類最初の殺人
カインとアベルの物語

［創世記4章］

人類がはじめて人を憎しみから殺すカインとアベルの物語は、しばしば文学や映画などの題材となる。

●兄弟同士で起こった人類最初の殺人

エデンの園を追放されたアダムとエバに**カイン**と**アベル**という男の子が生まれた。時を経て、兄のカインは農夫に、弟のアベルは羊飼いになり、それぞれ神に献げ物をすることになった。カインは収穫物を、アベルはよく肥えた羊の初子を捧げたが、神はアベルの献げ物だけを喜んで受けた。このとき、なぜ神がカインの献げ物を受け入れなかったか、その理由は語られないが、この物語の背景には古代イスラエルの牧畜文化とカナンの農耕文化との対立があるとされている。

そして、悲劇が起こる。神に献げ物を拒否されたカインは、怒りと憎しみのあまり、実の弟であるアベルを殺してしまったのである。

●カイン、殺人の罪で追放される

神が「お前の弟アベルはどこにいるか。」と尋ねたとき、カインは「知りません。わたしは弟の番人でしょうか。」(創世記4-9)と答えた。しかし神は、カインがアベルを殺したことを知っていた。「今、お前は呪われる者となった。(略)土を耕しても、土はもはやお前のために作物を産み出すことはない。お前は地上をさまよい、さすらう者となる。」(創世記4-11～12)

カインは、自分の犯した罪の重さに恐れおののき、今度は、さすらいの身となった自分が誰かに殺されるのではないかという恐怖におびえた。ここで神は、殺人を犯したカインを守り続けることを約束する。神は、誰もカインを殺すことがないよう、彼にしるしを付けた。こうしてカインは神の前を去り、**エデンの東**のノド(さすらい)の地に行ったのである。

このカインとアベルの骨肉の争いは、ジェームズ・ディーン主演の映画『エデンの東』をはじめ、映画、文学、演劇などのモチーフになることも多い。

カインとアベルの悲劇

農夫のカインは、収穫物を神に捧げて、受け入れられなかった

羊飼いのアベルは、羊の初子を神に捧げて受け入れられた

嫉妬を募らせたカインはアベルを殺害。弟殺しの罪により、エデンの東（さすらいの地）へ追放される

大洪水とノアの箱舟①

神に選ばれたノア

［創世記6～10章］

人類の堕落を嘆く神は、大洪水を起こし人類を滅亡させるが、唯一信仰心の篤い、ノアの一家だけが許された。

●人々の堕落が神の大洪水を招く

アダムとエバにセトという男の子が生まれた。カインもまた、さすらいの地で結婚し、子どもをもうけた。こうして子孫は増えていったが、悪もまた地上にはびこるようになっていた。神は人をつくったことを後悔し、洪水を起こして人間も動物も地上のものすべてをぬぐい去ろうと決意する。

しかし堕落した人間たちのなかで、**ノア**だけは神に従う無垢《むく》な人だったため、彼の一家は救済されることになる。ノアは神に命じられた通りの箱舟《はこぶね》をつくり、すべての動物を1つがいずつ乗せ、家族とともに箱舟に入った。ほどなくして大洪水が始まり、地上にいたものはことごとく息絶えてしまった。

●鳩やオリーブの枝が平和の象徴となった理由は？

雨は40日後にやんだが、箱舟は何日もの間、水の上を漂い、150日後にやっと**アララト山**の上に止まった。

ノアは箱舟の窓を開けて、烏《からす》や鳩を飛ばしてみたが、鳥たちは止まるところを見つけられずに戻って来た。1週間後に再び鳩を飛ばしてみると、鳩はオリーブの葉をくわえて戻って来た。これは、水が引いて新たに植物が芽吹いた証拠である。さらに1週間後に放った鳩はとうとう戻って来なかった。鳩は地上に住む場所を見つけたのである。今日、鳩やオリーブの枝が平和の象徴として知られるのは、このことからである。

そして、ついにノアたちも箱舟を降りるときが来た。箱舟から降りたノアは神に感謝するため、祭壇を築き、献げ物をした。神はそれを喜び、「もう2度と大地を呪うことはしない」と言い、契約のしるしとして大空に虹をかけた。こうして世界は生まれ変わり、アダムに代わってノアが人類の始祖となった。ノアの3人の息子たちからは数多くの民族が生まれたのである。

ノアの家系

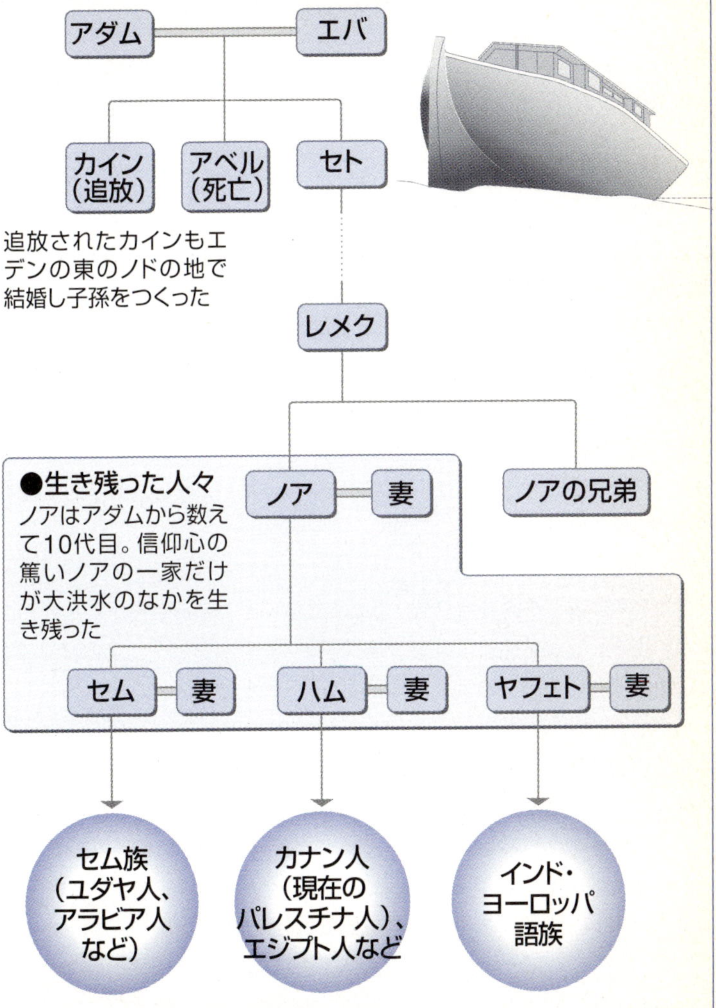

ノアの3人の息子は、多くの民族の祖先となった

大洪水とノアの箱舟②

洪水跡の発掘

考古学的にも実際に洪水があったとされている。アララト山から発見された木片は、当時ノアの箱舟の残がいだとして大きな話題を呼んだ。

●大洪水は本当にあった！

1929年、シュメール人の古代都市ウルの発掘調査を行っていたイギリス人のウーリーが、B.C.3500年頃の大洪水層を発見した。当時は、これこそノアの洪水の跡だと考えられ、大きな話題を呼んだ。

ウーリーの発見の直後には、キシを発掘中だったラグンドン博士がB.C.2700年頃の大洪水層を発見し、その後もウルクやシュルパックなどメソポタミアの各地で同様の洪水層が見つかった。

これらの洪水層とノアの物語との関連性は見つけられないが、かつてメソポタミア地方一帯でたびたび、大規模な洪水があったことは科学的に証明されている。

●ノアの箱舟はどこに？

さて、大洪水の跡が各地で発見されたとなると、箱舟の残がいもあるのではないかという興味も出てくる。創世記の8章によると、ノアの箱舟は150日ほど漂流した後に、**アララト山**(右図参照)に止まったという。

アララト山はトルコ、イラン、アルメニアの国境上に実在する山で、古くからこの山には多くの探検隊が訪れている。洪水層の発見より早い1876年には、すでにこの山で登頂調査が行われている。しかもそのとき箱舟の破片とおぼしき木片が発見されたというのだ。また、1949年にはトルコ、シリア、イラクの国境にある**ジュディ山**で150mの長さの舟が発見されたというニュースもあったが、こうした話は枚挙にいとまがない。

先の洪水層にしろ、箱舟の残がいにしろ、残念ながらいずれもノアの洪水のものとは断定できない。このため多くの考古学者や探検家は、これからもノアの洪水の証拠を探し続けるのだろう。

ノアの箱舟がたどりついた場所は？

アララト山
標高5,165mの死火山。ノアの箱舟の残がいを探し求めて、この山にはたくさんの探検家が訪れている

思い上がった人間への罰

バベルの塔

［創世記11章］

人類は天にも届かんばかりの高い塔を建設し、神の怒りを買う。このときから世界の言語はバラバラになってしまうのである。

●人々の傲慢な態度を象徴するバベルの塔

時がたち、ノアの息子たちの子孫はどんどん増えていった。しかし人口が増加するにつれ、彼らは再び信仰心を忘れようとしていた。

そんなとき、**バビロン**に住み着いた人々が、「天まで届く塔のある町を建て、有名になろう」と、レンガやアスファルトという当時の最先端の建築材料を用いて塔の建設を始めたのである。この様子を見た神は、こう言った。「皆一つの言葉を話しているから、このようなことをし始めたのだ。これでは、彼らが何を企てても、妨げることはできない。我々は降って行って、直ちに彼らの言葉を混乱させ、互いの言葉が聞き分けられぬようにしてしまおう。」(創世記11‐6～7)。

聖書によると、このときまで世界は同じ言葉を使っていたという。しかし傲慢《ごうまん》さのシンボルともいえる**バベルの塔**を建設したことが、神の怒りを買った。神は、罰として言葉をバラバラにしたため、彼らは塔の建設を続行できなかった。そして、人々は各地へ散っていったのである。この話は、現在、世界中で多様な言語が使用されることの由来としてよく知られる（このように現在の状況を説明するための神話や伝説を原因譚《げんいんたん》という)。

バベルの塔というと、聖書のなかだけの物語と思われるかもしれないが、実はモデルがあるのだ。メソポタミア南部(現在のイラク)に栄えた**古代バビロニア**の首都バビロンにあった**ジグラト**と呼ばれる塔がそれである(右下図)。

なお、創世記11章で、バベルはバラル(混乱)からきているとあるが、実は神の門という意味のバーベルがなまったもの。バーベルすなわちバビロンのことである。次ページではジグラトとバビロンの歴史について紹介する。

バベルの塔はどんな建物だったか?

ファルケンボルグ
「バベルの塔」
ルーブル美術館
(フランス/パリ)

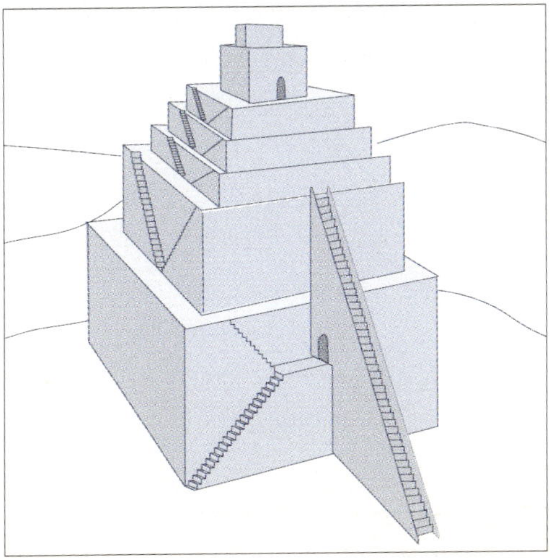

B.C.600年頃にネブカドネツァル2世が建てたバビロンのジグラトは約100mある7層の建物で、いちばん上には神殿があった

バビロンのジグラトがモデル
本当にあったバベルの塔

バビロニア帝国の首都バビロンは、当時世界最大の都市として発展した。バベルの塔のモデルはバビロンにあったジグラトだと考えられている。

●バベルの塔のモデル、ジグラト

かつてバビロニア地方では**ジグラト**と呼ばれる高塔神殿が建てられていた。現在、ジグラトの遺構は30基以上見つかっており、**ウル**に復元されたジグラト(右写真)はB.C.2000年頃のものだといわれている。

旧約聖書のバベルの塔のモデルになったジグラトは、B.C.600年頃に**新バビロニア帝国**の王**ネブカドネツァル2世**が、バビロンの都市再建の一環として完成させたものである。現在このジグラトの遺構には基礎の穴しか残っていないが、ネブカドネツァル2世の碑文によれば、その高さは98.5mもあったという(復元図55ページ参照)。

●世界最大の都市として繁栄したバビロン

メソポタミアの南部に位置するバビロンには、先史時代から人が住んでいた痕跡があり、B.C.3000年にはすでに都市が形成されていた。B.C.18世紀には、法典[*1]の名で有名な**ハムラピ王**のもと**古代バビロニア**の中心地として繁栄したが、王国は150年あまりで滅亡。バビロンも衰退してしまう。

その後、外国人による支配が続いた後、B.C.612年にバビロンの武将ナボポラッサルがアッシリアの首都ニネベを陥落し、バビロンも再び栄光を取り戻す。新バビロニア帝国の首都となったバビロンは、ネブカドネツァル2世の時代に世界最大の都市として栄えた。もし世界の7不思議の1つとして知られるバビロンの空中庭園[*2]が実在したとすれば、おそらくこの時代に建てられただろう。

しかし、バビロンの栄華は長く続かなかった。B.C.539年にペルシアの支配下に入ると、その後は衰退の一途をたどる。

＊1ハムラピ法典のこと。「目には目を、歯には歯を」の法が有名
＊2ネブカドネツァル2世が、愛妻のために建設したという7層のテラス状の建造物

バビロニアの歴史

復元されたウルのジグラト

古代バビロニアではジグラトと呼ばれる聖塔がいくつも建てられていた。ウルのジグラトは、バビロンのそれより数世紀古くB.C.2000年頃にウル第3王朝の王によって建てられたと考えられている

バビロンの栄枯盛衰

（年代はすべてB.C.）

1894年	●アモリ人の王がバビロンに王朝建設
1792年頃	●ハムラピがバビロニア全土を統一。バビロン第1王朝が最盛期を迎える
1595年	●第1王朝滅亡。その後カッシート人などの支配下に入る
1120年頃	●バビロンに首都を置くイシン第2王朝のネブカドネツァル1世がエラムを征服。一時的にバビロンが復興
851年頃	●アッシリア帝国がバビロニアを征服
648年	●アッシリア軍の攻撃により、バビロンは壊滅状態に
612年	●新バビロニアとメディアの連合軍がアッシリア帝国の首都ニネベを陥落。ナポポラッサルが新バビロニア帝国創始
605年	●新バビロニア軍がエジプトとアッシリアの連合軍を破る。同年ネブカドネツァル2世が新バビロニア王に即位
600年頃	●古都バビロンの再建が完成。バビロンは空前の大繁栄をとげる
562年	●ネブカドネツァル2世没。「バビロンの栄華」も終わる
539年	●ペルシア帝国がバビロンを陥落。以後急速に衰退

Column

エデンの園はどこに?

アダムとエバが暮らしていたエデンの園は、一体どこにあったのだろうか? 聖書には「エデンから一つの川が流れ出ていた。園を潤し、そこで分かれて、四つの川となっていた」(創世記2-10)という記述があり、4つの川とはピション川、ギホン川、チグリス川、ユーフラテス川である。先の2つの川がどの川を指すのかは解明されていないが、後の2つについては皆さんご存じだろう。

チグリス・ユーフラテス川流域といえば人類最古の文明発祥の地。この2つの大河はペルシア湾の手前で合流し、肥沃《ひよく》なデルタ地帯を形成している。そして、合流地点の近くにあるエリドゥ遺跡は「エデンの園」があった場所だとも言い伝えられている。

一方、チグリス川とユーフラテス川の源流はいずれもアルメニアの山地にあるため、アルメニアの地こそエデンの園があったとする説もある。

チグリス・ユーフラテス川の下流地域

第3章

イスラエルの民の誕生 ～族長時代～

神に選ばれたアブラハムは、約束の地へ旅立った。
ここから旧約聖書はイスラエル民族の歴史を語り始める。

神に選ばれ、約束の地へ
イスラエルの祖、アブラハム

［創世記12～13章］

アブラハムは後にイスラエルの祖となる人物である。アブラハムは、神の命令に従い、約束の地カナンへ旅立った。

●ユダヤ・キリスト・イスラム教徒の尊敬を集めるアブラハム

アブラハム＊といえば、聖書のなかでも有名な人物の1人である。それは彼が、イスラエル（ユダヤ）の始祖であり、また“**信仰の父**”として、ユダヤ教徒だけでなくキリスト教徒、イスラム教徒からも尊敬されているからだろう。アブラハムが“信仰の父”といわれるのは、彼がいかなる場合でも神の意志に従い、忠実に行動する人物だからである。

アブラハムの信仰心を示すエピソードは、聖書のなかに数多いが、創世記12章の冒頭もそうである。ウル出身のアブラハムは、一族とともにハランへ移り住んでいたが、神に「わたしが示す地に行きなさい」と命じられると、行き先もわからないまま旅立った。長く苦しい旅になることは予想されたはずだが、アブラハムはただ、神の言葉に従って出発したのである。

●アブラハム、約束の地カナンへ

アブラハムは妻の**サラ**と甥《おい》の**ロト**を連れて出発し、ついに**カナン**(**パレスチナ**)地方へ入った。そして**シケム**の聖所、モレの樫《かし》の木まで来たとき、神はアブラハムに「あなたの子孫にこの土地を与える。」(創世記12–7)と言ったという。カナンには先住民がいたが、神はこれ以降何度も、イスラエルの民とこの約束を繰り返すのである。現在まで続いているイスラエルとパレスチナの問題の根底はここにあるのだ。

ところが、このときアブラハムはカナンにとどまらず、さらに南下しネゲブ地方を経由してエジプトへ行った。しかし最終的には再びカナンへ戻り、アブラハムは**ヘブロン**に定住したという。甥のロトは途中で別れ、ヨルダン川流域の低地の町へと移っていった。

＊当初アブラハムはアブラム、サラはサライという名だったが、神と「多くの民の父となる」契約を結んだとき（次ページ参照）に、それぞれ改名した

家族とともにカナンへ向かったアブラハム

アブラハムのルート

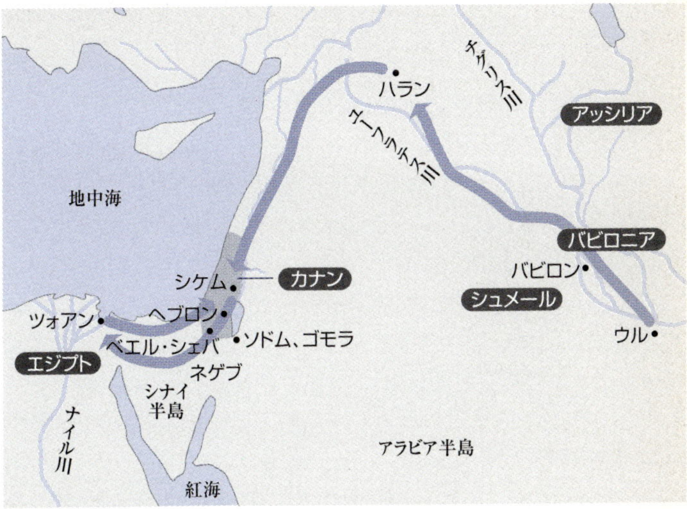

アブラハムの家系

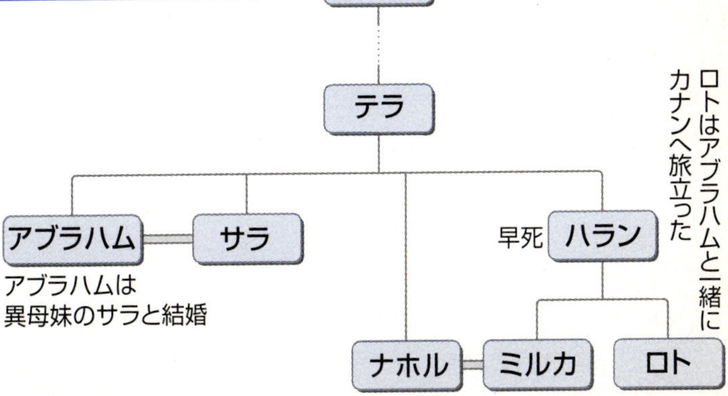

アラブの祖となった
イシュマエルの誕生

［創世記15～17章］

子が生まれないアブラハムの妻サラは、ハガルに子を生ませる。後にアラブの祖となる運命の子、イシュマエルが誕生する。

●ハガルが、アブラハムの子イシュマエルを出産

ある日神は、**アブラハム**のもとに現れ、アブラハムに子ができること、アブラハムの子孫が星の数のように増えることを予告した。アブラハムと**サラ**には子どもがなかったが、このときアブラハムは85歳、サラもすでに75歳という高齢だった。そこでサラは、奴隷の**ハガル**にアブラハムの子を生ませることにした。ところが、身ごもったハガルはサラを見下すようになり、この態度に激怒したサラは、ハガルにつらくあたるようになる。

サラのもとから逃亡したハガルは、砂漠の泉のほとりで神の使いである天使に出会う。天使はハガルに「女主人のもとに帰り、従順に仕えなさい。生まれてくる男の子には**イシュマエル**と名付けなさい。イシュマエルの子孫は数えきれないほど増える」と言ったのだった。神の加護を強く感じたハガルは、サラのもとに戻り、男の子を出産した。

●神との契約

それから年月がたち、アブラハムが99歳になったとき、再び神はアブラハムと契約を結んだ。契約の内容は、アブラハムが多くの国民の父となること、アブラハムと彼の子孫にカナンの土地を与えるということだった。また、この契約のしるしとして、すべての男子は生まれて8日目に割礼《かつれい》*を受けることを命じた。この割礼の儀式は、現代のユダヤ教徒にとっても重要な儀式の1つとなっている。

さらに、このとき神はサラが出産することも予告した。これには“信仰の父”アブラハムも「100歳の男と90歳の女に子が生まれるだろうか」と思わず笑ってしまったが、1年後、この予告は現実のものになる。

＊陰茎の包皮を切り取る風習・儀式。古くから諸民族の間で広く行われ、現在でもユダヤ教徒やイスラム教徒、アフリカの諸民族などが行っている

遊牧民の生活

ベドウィンの男性
遊牧民ベドウィンなど現在のアラブ民族はイシュマエルの子孫といわれる

ネゲブ砂漠
アブラハムたちはカナンへ向かう旅の途中で、ネゲブの荒野に天幕を張って、生活した。彼らも羊などの家畜を連れて移動する遊牧民だった

神に滅ぼされた町
ソドムとゴモラ

［創世記18～19章］

頽廃と享楽の町ソドムが神の手により滅ぼされたとき、ソドムに住むアブラハムの甥ロトとその一家だけは救出された。

●邪悪の象徴、ソドムとゴモラ

邪悪や堕落の代名詞として使われる**ソドム**と**ゴモラ**は、かつて**死海**の南端にあった町と伝えられている。しかし、住民の罪悪のために神の怒りに触れ、町は全滅し、死海の底に沈んだという。

2つの町の罪悪について、聖書は具体的に書いていないが、性的に乱れ、男色のはびこる町であったことは確かなようである。ちなみに、男色や異常な性交を意味するソドミーという英語は、このソドムに由来する。

●ソドムの滅亡と、ロト一家の救出

ソドムの町に旅人の姿をした天使がやってきた。ソドムに定住していた**ロト**は、彼らを自分の家へ招き入れた。

ロトが彼らをもてなしているとき、ソドムの男たちが、ロトの家を取り囲み「お前の所へ来た連中を出せ。なぶりものにしてやる」と押し寄せてきた。ロトは男たちに、自分の娘を差し出すから客人には手を出さないよう頼むが、聞き入れられなかった。そのとき客人は、自分たちの正体を明かし、家族を連れて逃げるようロトに告げた。ロトが妻と2人の娘を連れて町から脱出すると、神は、ソドムとゴモラの上に天から硫黄《いおう》の火を降らせ、町の全住民、地の草木もろとも滅ぼしてしまった。

ロトと娘たちは逃げきったが、妻は「絶対に後ろを振り返ってはならない」という神の警告を破ったため、塩の柱になってしまったという。

ロト父娘は、誰もいない山のなかに住み着いた。しかし、2人の娘は、このままでは子孫が絶えてしまうと考えた。そこで2人はロトにぶどう酒をたっぷり飲ませると、酔ったロトと床をともにした。やがて2人の娘は男の子を産み、その男の子は、それぞれ**モアブ人**と**アンモン人**の先祖となった。

ソドムとゴモラの町はどこにあったか？

死海
水に非常に多くの塩分が含まれていることで知られる。ソドムとゴモラは死海の南端にあったが、湖の底に沈んでしまったと考えられている

ソドムのリンゴ
死海沿岸に自生する植物。見た目は青リンゴのようだが、中身は果肉がなく、食べられるものではない

ロトの妻
神の忠告に従わなかったロトの妻は塩の柱になってしまったという。死海沿岸には岩塩でできた「ソドムの山」があり、そこには「ロトの妻」と呼ばれる岩の柱がある

アブラハムの子どもたちの宿命とは？
イサクの誕生とイシュマエルの追放

［創世記21章］

アブラハムの正妻サラに待望の男子、イサクが誕生する。アブラハムは妻、サラの言い分に従ってイシュマエルとその母親を追放する。

●アブラハムの正妻サラがイサクを出産

アブラハムと**サラ**の間に、待望の子どもが生まれた。100歳と90歳という常識では考えられない年齢での出産だが、「サラが子どもを産む」という神の言葉は本当だったのである。サラが産んだ男の子は、神が命じた通り**イサク**（笑う者）と名付けられ、8日目には**割礼**《かつれい》が施された。

アブラハムには、イサクのほかに、奴隷の**ハガル**との間に生まれた**イシュマエル**という長男がいた。イサクが生まれたことで、正妻サラと奴隷ハガルの確執《かくしつ》はいっそう激しくなっていた。とくにサラの苛立ちは大きかった。

●イシュマエルとハガルの追放

ある日サラは、ハガルの子イシュマエルがイサクをからかっているのを見て我慢できなくなり、アブラハムに、ハガルとイシュマエルを追い出すよう訴えた。しかし、アブラハムにとっては2人ともかわいい息子である。悩むアブラハムに、神は「すべてサラの言うことに従いなさい。あなたの子孫はイサクによって伝えられるが、イシュマエルも1つの国民の父とする」と言った。アブラハムは、神が救ってくれることを信じて、翌日、ハガルとイシュマエルを追放した。

追放された2人は**ベエル・シェバ**＊の荒野をさまよった。水も底を尽き、ハガルが途方に暮れて泣いていたそのとき、「恐れることはない。わたしは、必ずあの子を大きな国民にする」という、神の使いの声が聞こえた。そして神は、ハガルのために、水のある井戸を示した。この後も神は、イシュマエルを見守り続けたので、彼は生き長らえた。成長したイシュマエルは弓を射る者となり、エジプト人の妻を迎え、**アラブ人の先祖**となった。

＊ヘブロンの南西約40km、ネゲブ砂漠の北端に位置する町。地名はアブラハムが掘った井戸の名前に由来する

アブラハムの子孫

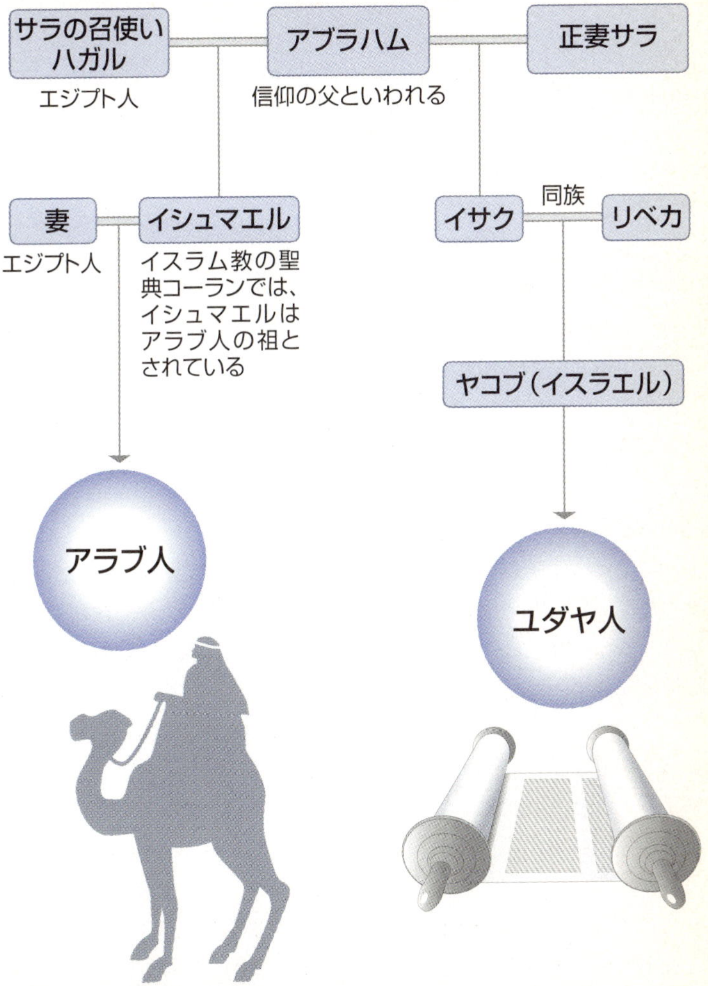

ユダヤ人の宗教ユダヤ教からは、後にキリスト教、イスラム教が生まれた。
アブラハムはユダヤ教、キリスト教、イスラム教の父祖となった

アブラハムが信仰の父といわれるゆえん
イサクの犠牲

［創世記22章］

神はアブラハムの信仰を試すため、息子のイサクを生贄として捧げるよう命じる。旧約聖書のなかの1つのハイライトともいえる物語。

●神の理不尽な命令にも従ったアブラハム

アブラハムは年老いてからできた子**イサク**を、この上なく愛していた。ところが、そんなアブラハムにつらい試練が訪れる。神は、アブラハムの信仰心を試そうと、こんなことを言ったのである。

「あなたの息子イサクを連れて、モリヤの地に行きなさい。私が命じる山へ登り、彼を焼き尽くす献げ物として捧げなさい。」

このときのアブラハムの心情について聖書には記述はないが、身を引き裂かれるような思いだったに違いない。しかしアブラハムは、神に理由を尋ねることもなく、ただ忠実に神の命令に従った。

●危機一髪！

神が命じた場所に到着したアブラハムは、そこに祭壇を築き、薪《まき》を並べ、イサクを縛って祭壇の薪の上に載せた。そしてアブラハムが刃物を取り、息子を切り裂こうとしたそのとき、天使が現れ、アブラハムを止めた。

「その子に手を下すな。何もしてはならない。あなたが神を畏《おそ》れる者であることが、今、分かったからだ。あなたは、自分の独り子である息子すら、わたしにささげることを惜しまなかった。」（創世記22−12）

神は、アブラハムの信仰に揺るぎがないことを確認すると、再びアブラハムに星の数ほどの子孫を与えることを約束した。この後、物語の中心は、アブラハムの息子イサクに移る。イサクは後にヤコブという子をもうけ、ヤコブからは**イスラエルの12部族**（100ページ参照）が誕生する。

ところで**モリヤの地の山**とは、伝説によれば、後に**ソロモン**（118ページ参照）が、神殿を建立した場所だという。つまり、現在はイスラム教の**岩のドーム**（右ページ参照）があるエルサレムの丘ということになる。

信仰のために
わが子を神に捧げようとしたアブラハム

岩のドーム

神の命に従い、わが子さえも神に捧げようとしたアブラハム。もっとも神は人間を犠牲にすることを望んでいるわけではない。アブラハムの揺るぎない信仰心を確認した神は、アブラハムを止め、イサクを助けるのである。なお、この物語には、当時行われていたと考えられる人身御供の習慣を止めさせる意味があるといわれる

エリエゼルの活躍

イサクの嫁取り

［創世記24〜25章］

イサクの嫁は同族から選びたいというアブラハムの意思を受けて、アブラハムのしもべエリエゼルはハランまで嫁探しに出掛ける。

●イサクの嫁探しのために、はるばるハランへ

アブラハムは、息子**イサク**の嫁はカナン人ではなく、自分の故郷から迎えたいと考えていた。なぜなら、当時カナン人は**バアル神***をはじめとする数多くの神を崇拝していたが、イサクには同じ信仰を持つ人と結婚してほしいと考えていたからである。そこで、アブラハムは、忠実なしもべの**エリエゼル**を、アブラハム一族が住むハランに遣わした。

高価な贈り物とラクダ10頭とともに**ハラン**の町外れに到着したエリエゼルは、井戸のわきで女性たちが水をくみに来るのを待った。しかし、たくさんの女性のなかから1人を選ぶのは難しい。そこでエリエゼルは、神に助けを求めた。「水をくみに来た娘の1人に水を飲ませてくれるよう頼んでみます。その娘が私だけでなくラクダにも飲ませたら、その彼女こそ、イサクの嫁にふさわしい者と決めてください」

ほどなく美しい女性が水がめを持って現れたので、エリエゼルは水を飲ませてくれるよう頼んでみた。すると、彼女はすぐに水を飲ませてくれ、ラクダにも水を与えた。神は、エリエゼルの願いを聞き入れたようである。彼女の名は**リベカ**といい、さらに幸運なことにアブラハムの親戚だったのである。エリエゼルはリベカの家を訪れ、彼女の父ベトエルと兄ラバンにくわしい事情を話した。話を聞いた2人はエリエゼルの話を承諾。こうしてリベカは、イサクの妻となった。

イサクの結婚を見届けたアブラハムは175歳まで生き、死後は先に亡くなった妻のサラとともにヘブロンの**マクペラの洞穴**に葬られた。この場所は、アブラハムの家族墓（族長たちの墓と呼ばれる。右参照）となった。

＊嵐の神ハダドの称号で、豊穣の神。カナン人の最高神

同族結婚にこだわったアブラハムの一族

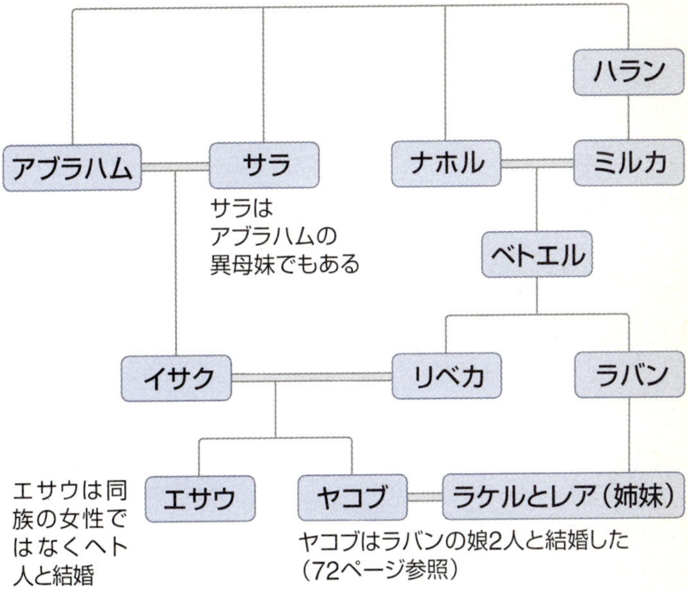

族長たちの墓
アブラハムはマクペラの洞穴を一族の墓とした。ここにはアブラハム、サラ、イサク、リベカ、ヤコブ、レアの6人が葬られたという。その後B.C.1世紀にはヘロデ大王（138ページ参照）が洞穴の周囲に城壁をめぐらし、12世紀には城壁の内側に教会が建てられた。現在はイスラム教のモスクが占拠している

兄弟同士の争い

エサウの祝福を奪ったヤコブ

［創世記25～33章］

イサクの息子ヤコブはイサクをだまし長子としての祝福を受けるが、兄エサウの激しい憎悪を受けハランに逃亡する。やがてエサウと和解する。

●策略を使い、祝福を奪い取ったヤコブ

イサクとリベカには双子の息子がいた。普通なら先に生まれた**エサウ**が跡継ぎになり相続権を得るところだが、弟の**ヤコブ**が兄になりすましてイサクから**長子としての祝福**を受けてしまう。年老いたイサクは目が不自由だったため、弟の策略に気付かなかった。怒ったエサウがヤコブを殺そうとしたため、ヤコブは伯父ラバンの住むハランへ逃亡することになった。

ハランへ向かう途中、**ルズ**(アーモンドの木)と呼ばれる場所で一夜を明かしたヤコブは、こんな夢を見た。それは、天まで届く長い階段を天使たちが上り下りしているもので、神はヤコブを祝福し「今いる土地をヤコブと、その子孫に与える」と言ったという。

●父をだましたヤコブは今度は伯父にだまされる

ハランに着いたヤコブは伯父ラバンのもとで働いた。ラバンの娘ラケルを愛したヤコブは「ラケルのために7年働くこと」を約束したが、7年後ラバンはヤコブを欺《あざむ》いてラケルの姉レアをヤコブに嫁がせた。かつて兄のエサウと父のイサクをだましたヤコブは、今度は自分が伯父のラバンにだまされたのである。ラケルをあきらめきれないヤコブは「さらに7年働くこと」を約束させられ、結局14年かかって、やっと愛する女性と結婚できた。しかし皮肉なことに、愛妻ラケルにはなかなか子どもが生まれず、ヤコブに愛されなかったレアにはどんどん子どもが生まれた。

さて、ついにヤコブがカナンへ帰るときがきた。兄エサウのことが気がかりだったヤコブだが、彼の意に反してエサウは温かく迎えてくれた。

また、カナンへの帰途でヤコブは天使と夜通し格闘した。天使はヤコブに、これからは**イスラエル**(神と戦い勝つ)と名乗るよう告げたのだった。

ヤコブの階段

ブレイク「ヤコブの梯子」 大英博物館（イギリス／ロンドン）
ハランへ行く途中、ヤコブは神に祝福される夢を見た。夢のなかの階段は神のいる天と地を結ぶもの。神は、今いる土地をヤコブと、彼の子孫に与えると言い、また彼を見守り続けることを約束した

ヨセフの物語①

奴隷として売られたヨセフ

［創世記35・37・39～41章］

イスラエルの息子ヨセフは、兄たちの策略で奴隷としてエジプトに売られるが、夢解きの能力を発揮して、ファラオに気に入られる。

●兄たちに妬まれた末っ子ヨセフ

イスラエル（ヤコブから改名）には、ハランで結婚したレアとラケル、召使いとの間に11人の男の子がいた（後に12番目となる弟ベニヤミンが生まれる）。なかでも、年老いてから愛妻ラケルとの間に生まれた子**ヨセフ**をイスラエルは寵愛していた。腹違いの兄たちが、それを快く思うはずはなく、ある日ヨセフの夢の話を聞いたときに、怒りは爆発した。ヨセフが見た夢は、自分が家族の上に君臨することを予告する内容だったからである。

怒った兄たちは、ヨセフを外国の隊商（キャラバン）に売り飛ばし、父イスラエルにはヨセフは野獣に食い殺されたと告げたのだった。

●ヨセフ、ファラオの夢を解く

エジプトに連れて行かれたヨセフは、**ファラオ***の宮廷役人ポティファルに買い取られる。ヨセフは主人の信頼を得て、家の財産管理なども任せられるようになった。ところが、ヨセフはなかなかの美男子だったので、それに目をつけたポティファルの妻が、彼を誘惑するようになる。ヨセフはこれを断固として拒否した。しかしプライドを傷つけられた女は、自分がヨセフに誘惑されたとうそをつき、ヨセフを投獄させてしまうのである。

ヨセフの投獄生活は10年に及んだ。出獄のきっかけは“夢の解き明かし”だった。ヨセフの夢解きがよくあたるという評判を聞いたファラオは、自分の夢を解き明かしてもらおうと彼を呼び寄せたのである。ヨセフは、ファラオの夢を「7年の豊穣と7年の大飢饉を告げるもの」と見事に解き明かし、その対処法まで述べた。ファラオは、ヨセフを高く評価し、出獄はもちろん、エジプトの首相として迎え入れたのである。

＊古代のエジプトの王を指す称号

イスラエルの12人の息子たち

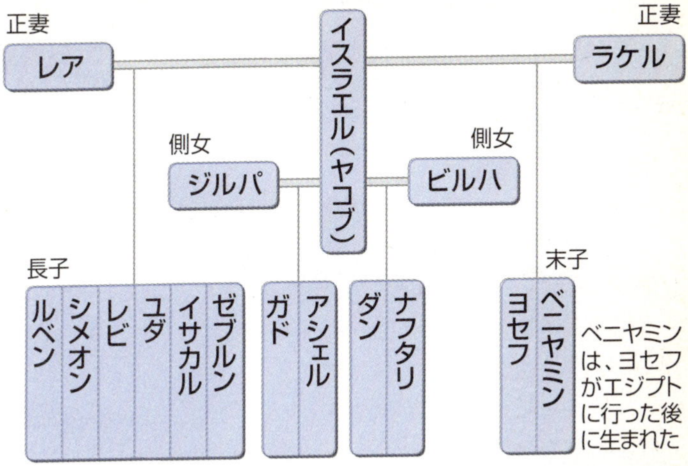

ラケルの墓

ラケルは旅の途中でベニヤミンを産むと、難産のため亡くなってしまったという。イスラエルの人々はラケルを“民の母”として慕い、ベツレヘム街道にあるこの墓には多くの人々が訪れる

ヨセフの物語②

兄たちとの和解

［創世記41～50章］

エジプトに売られたヨセフは、王に気に入られエジプトの高官になる。やがて自分を売った兄弟と和解し、家族をエジプトに呼び寄せる。

●ヨセフの兄たち、食糧を求めてエジプトへ

エジプトの首相になった**ヨセフ**は、食料備蓄の管理も任された。彼は7年の豊作の間にできる限り食糧を蓄え、後の大飢饉に備えた。そしてエジプトに飢饉が起こったとき、世界各地でも同様に飢饉が起こり、エジプト内外からたくさんの人々がヨセフのもとに穀物を求めてやって来るようになった。

カナンに住むイスラエル一家も例外ではなく、末息子を除く息子たちがエジプトにやって来た。ヨセフは兄たちだと気付いたが、彼らは気付かずヨセフの前にひれ伏した。少年時代のヨセフの夢が、現実になった瞬間である。

●ヨセフ、兄たちを試す

ヨセフは正体を明かさないまま彼らに食糧を分け与えたが、兄の1人を人質にとり、次に来るときは末の弟を連れてくるよう要求した。ヨセフは、かつて自分を見捨てた兄たちがどんな人間になっているか試したのである。

翌年、末の弟**ベニヤミン**を連れて、兄たちが再びエジプトにやってきた。ヨセフは彼らを自分の屋敷でもてなしてから、食糧を持たせて送り出した。実はこのとき、ベニヤミンの袋に自分の銀の杯を入れておき、後でベニヤミンを盗みのかどで捕まえる計画を立てていたのである。ヨセフは兄弟たちをおとしいれようとしたわけではなく、兄たちがどういう行動に出るか見たかったのである。「ベニヤミンだけ奴隷になればよい」と言うヨセフに対し、兄弟を代表して**ユダ**は「自分が身代わりになるから末の弟だけは帰してほしい」と嘆願した。これを聞いたヨセフは大変感激し、ついに自分の正体を明かしたのだった。もちろんヨセフは兄たちを許していた。

その後ヨセフは、カナンから父イスラエルと家族全員をエジプトに呼び寄せた。彼らは、エジプトの最良の土地を与えられ、幸せに暮らした。

ヨセフの生涯

年齢	できごと
0歳	●イスラエルの11男として生まれる。母はラケル。父イスラエルに寵愛されたため、兄たちからは妬まれる
17歳	●兄たちの策略で奴隷としてエジプトに売られる ●エジプトの宮廷役人ポティファルの信頼を得て、家の財産管理の仕事を任されるが、ポティファルの妻の罠にはまり、無実の罪で投獄される
28歳	●監獄でファラオの給仕役と料理役に会い、彼らの夢を解く。このことが後に、夢解きの名人としてファラオの耳に入る
30歳	●ファラオの夢を解き明かし出獄を許可され、さらにエジプトの首相に抜擢される ●7年間に及ぶ大豊作が始まる。大飢饉に備え穀物倉庫に大量の食物を蓄える ●アセナトと結婚。2人の息子をもうける
37歳	●エジプトおよび周辺の国々に7年間の大飢饉が始まる ●エジプトで20年ぶりに兄たちと再会 ●穀物販売の監督をしていたヨセフのもとに10人の兄たちがやって来るが、彼らはヨセフに気付かない。ヨセフは弟のベニヤミンを連れてくるよう要求
38歳	●ベニヤミンとともに兄たちが再びエジプトへ ●兄たちに自分の正体を明かし、和解する
40歳頃	●イスラエル一家がカナンからエジプトに移住
57歳頃	●父のイスラエルが147歳で死亡
110歳	●死亡

ヨセフが活躍したのはB.C.1800〜B.C.1700年頃と考えられる

Column

ヨブの試練

ヨブ記は人生の苦難と不条理がテーマである。「人間はすべてを失っても信仰を保てるか」という神とサタン（悪魔）の賭《かけ》の対象に、ヨブという人が選ばれた。ヨブは非常に裕福だったが、無垢《むく》な正しい人で、神を畏《おそ》れ、悪を避けて生きていた。ヨブは家畜を略奪され、10人の子どもを災害でなくしたうえに、自らも全身ひどい皮膚病に冒された。最初はこれらの試練を受け入れたヨブだったが、徐々に神を疑い始める。

ヨブは見舞いにやってきた3人の友人に、「なぜ神は、正しく生きてきた自分を悩ますのだろうか」と問う。友人たちは「それはお前の隠された罪に対する神の罰である」と主張し、実りのない論争が続く。ヨブは彼らの主張を退け、神に自らの潔白を訴え続けた。

ついに神がヨブに語りかけた。神はヨブの不幸の原因を語らず、天地を創造した神の力と知恵に目を向けよと、威厳を持って語った。これを聞いたヨブは神の偉大さと、自らの傲慢《ごうまん》さに気付いた。3人の友人たちは因果応報《いんがおうほう》のドグマ（教義）で神を弁護しようとしたことで神に批判され、自分の疑問を率直に神に問い続けたヨブをむしろほめた。神はヨブにもと通りの健康と繁栄を与え、財産を2倍にしたのだった。

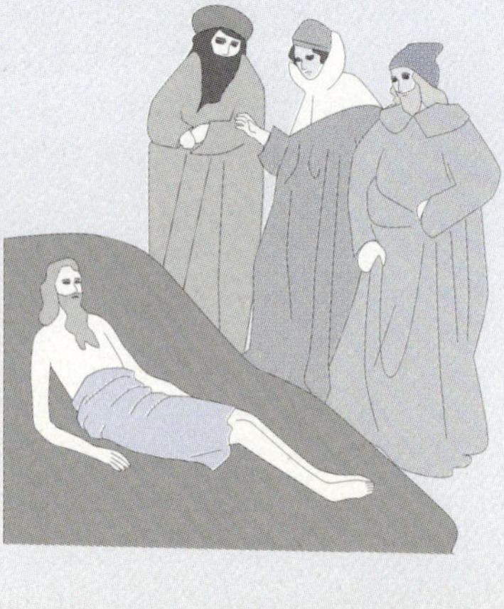

第4章

エジプト脱出

エジプトで奴隷となっていたイスラエルの民が、モーセに率いられ再び約束の地を目指す。その途上、神から十戒《じっかい》を授かる。

ファラオの奴隷となった
苦難のエジプト時代

［出エジプト記1章］

イスラエル一家のエジプト移住から時を経て、ラメセス２世の時代には、多くのイスラエルの民が奴隷として使役されていた。

●エジプトでの奴隷時代

エジプトに移住したイスラエル（ヤコブ）一族は、ナイルデルタ*の肥沃《ひよく》な土地**ゴシェン**で快適に暮らし、どんどん子孫を増やしていった。

ところが、時がたち、「ヨセフのことを知らない新しい王」が出現すると、大量の外国人であるイスラエル人は弾圧の対象となり、奴隷として過酷《かこく》な労働を強いられるようになった。**ファラオ**にとって、イスラエル人口の増大は脅威《きょうい》だった。「一度戦争が起これば、イスラエル人は敵側についてエジプトと戦い、エジプトをのっとるかもしれない」と思ったからである。

しかし、イスラエル人の人口は増加するばかりで、それを嫌悪したエジプト人は、イスラエル人たちをさらに酷使した。そして、ついにファラオは、「（イスラエル人の）生まれた男の子は、1人残らずナイル川に放り込め」という、残酷な命令を下した。この男児殺害の命令が下されているなか、イスラエル人の子として生まれたのが、ユダヤの偉大な指導者となるモーセである。

●イスラエル人を苦しめたファラオとは？

ところでイスラエル人がエジプトに住んでいたのは、B.C.17世紀～B.C.13世紀の約400年間と考えられている。エジプト側に当時のイスラエル人の記録が残っていないため確定できないが、この年代が正しければ、イスラエル人を酷使し、後に彼らのエジプト脱出をことごとく阻止したのは、エジプト第19王朝のファラオ、**ラメセス2世**（在位B.C.1279～B.C.1212年頃）と考えられる。

ラメセス2世は、アブ・シンベル大神殿など、大規模な建設工事をいくつも行い、どのファラオよりも多くの建造物を残した人物である。

*ナイル川の下流はデルタ（三角州）と呼ばれる湿地帯で、農業や牧畜に適していた

エジプトのイスラエル人とファラオの権力

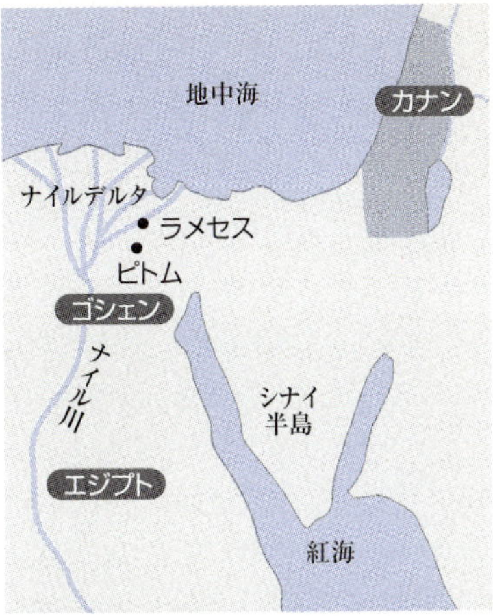

イスラエル人の居住地
イスラエル人は、ナイルデルタ東部の肥沃な土地ゴシェンに住んだ。また、聖書によれば彼らは「ファラオの物資貯蔵の町、ピトムとラメセスを建設した」（出エジプト記1–11）

ラメセス2世が築いたアブ・シンベル大神殿
岩山に彫り込まれた4体の王の椅座像は高さが約20mある。ファラオの権力を物語る巨大神殿である

王女に拾われた赤ん坊
モーセの数奇な運命

［出エジプト記2～4章］

イスラエル人モーセは、ファラオの王女の養子として宮殿で育てられた。モーセの誕生から逃亡生活、神と出会うまでのストーリーを紹介する。

●エジプト王女にひきとられたモーセ

イスラエル人への迫害が続くエジプトで生まれた**モーセ**は殺されるべき運命だったが、わが子を見殺しにできなかったモーセの母親は、生後3か月のモーセを防水処置されたパピルスのかごに入れ、ナイル川の葦《あし》の茂みに置いた。そこへファラオの王女が水浴びにやって来た。かごのなかの赤ん坊を見つけた王女は、このイスラエル人の子を不憫《ふびん》に思い、自分の子として育てることにした。こうしてモーセは、王女の養子となって生き延びたのである。

モーセは宮殿で何不自由なく暮らし、エジプト最高の学問も身に付けた。ところが、同胞がエジプト人に虐待されている様子を見たモーセは、義憤《ぎふん》のあまり、そのエジプト人を殺害してしまう。追われる身となったモーセは、ミディアン人[*1]の地に逃れ、その地の女性と結婚し、羊飼いになった。

●モーセ、神の啓示を受ける

ある日、羊の群れを追って**神の山ホレブ**[*2]に来たモーセは、なかなか燃え尽きない柴を目にし、不思議に思って近づいた。すると、燃える柴のなかから神が現れ、「ファラオの奴隷となって苦しんでいるイスラエル人を救い出し、乳と蜜の流れる地カナンへ導け」とモーセに命じた。

突然神からこのような指令を受けたモーセは戸惑い、その重大な任務に尻込みした。そこで神は、モーセの杖を蛇に変身させたり、モーセの手を皮膚病にしたり、さらにはそれらをもと通りにするという奇跡を起こしてみせた。それでもモーセは「自分は口べただから無理だ」と言って、逃げようとした。しかし、神に「お前には雄弁な兄アロンがいる」と、アロンを代弁者にするよう指示されると、これ以上モーセも命令を拒むことはできなかった。

＊1 アブラハムとケトラの子ミディアンの子孫。彼らは遊牧民族となり、アラビア半島の北西部などに住んだ
＊2 シナイ山と同地で、名称が異なるのは資料の相違による

モーセの家系

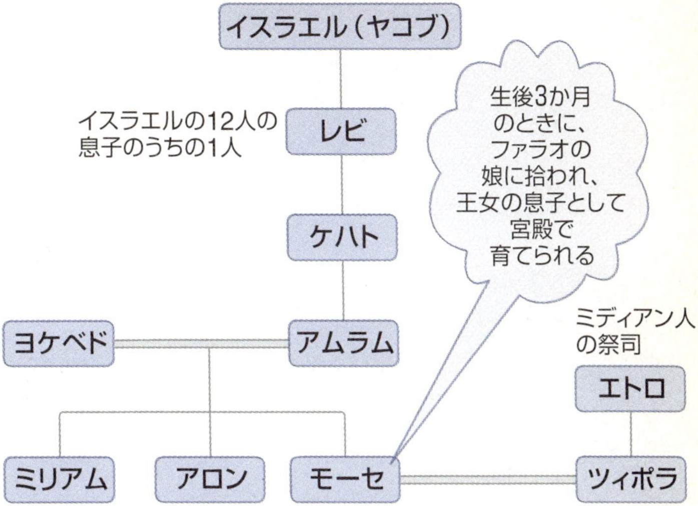

パピルス
ナイル河畔に繁茂。紙の材料として用いられ、古い聖書の多くはパピルス紙に書かれた。またパピルスは、かごやサンダルづくりにも用いられた

モーセとファラオの対決
モーセが示した神の災い

［出エジプト記5～12章］

イスラエル人を救うためにファラオにかけあうモーセ。モーセが神の力を顕示した10の災いとは何だったのか。

●神の裁きにより数々の天災がエジプトにふりかかる

神に重大な使命を与えられた**モーセ**は、兄の**アロン**とともにファラオのもとへ行きイスラエル人の解放を訴えたが、拒絶される。それどころかファラオは、イスラエル人たちに余計に重労働を課すようになった。それでも交渉を続けたモーセだったが、ファラオもまた拒絶し続けた。

そこで神はエジプト中に**10の災い**を起こした。1つ目はナイル川を血で染める“血の災い”。しかし、この程度でファラオの心は動かない。その後も神は“蛙の災い”“ぶよの災い”“あぶの災い”…と、9つの災いを起こしたが、ファラオの心はかたくなだった。

●過越祭の起源にもなった最後の災い

そして、とうとう最後の災いのときが来た。神はまず、モーセを通してイスラエルの民に告げた。「真夜中に、わたしはエジプトの中を進む。そのとき、ファラオの初子から奴隷の初子、家畜の初子までエジプトの初子は皆死ぬ。ただし、しるしがあれば、その家は災いを免れる」。災いを免れるしるしとは、子羊の血を家の入口の2本の柱と鴨居《かもい》に塗ることだった。

真夜中になり、大いなる叫びが国中に起こった。エジプト中の初子が死んだのである。しかし、“血”のしるしを付けた家は神が過ぎ越したので、イスラエル人の初子は1人も死ななかった。

わが子を失ったファラオは、モーセとアロンを呼び出すと、「エジプトから出ていくがよい」と告げた。こうしてイスラエルの民は、急いで身支度をし、約束の地へと出発した。

ユダヤ教の3大祭の1つである**過越祭**《すぎこしさい》(133ページ参照)は、神の“過ぎ越し”により、災いを免れた故事にもとづくものである。

エジプトに起こった10の災い

1 血の災い
ナイル川の水が血に変わった。魚は死に、川は悪臭を放った

→ **2 蛙の災い**
川や水路、池から蛙がはい上がってきて、家のなかにまであふれた

→ **3 ぶよの災い**
ぶよがエジプト全土に拡がって家畜を襲った

→ **4 あぶの災い**
あぶの大群がエジプト全土にあふれ、国が荒れ果てた

→ **5 疫病の災い**
エジプト中の馬、ろば、らくだ、牛、羊が疫病にかかりすべて死んだ

→ **6 はれ物の災い**
エジプト人とその家畜に、膿の出るはれ物が生じた

→ **7 雹の災い**
エジプト全土に激しい雹が降り、野にいる人や家畜を打った

→ **8 いなごの災い**
いなごの大群がエジプト全土を襲い、地のあらゆる植物を食い尽くした

→ **9 暗闇の災い**
3日間エジプト全土に暗闇が襲った

→ **10 最後の災い（初子の死）**
エジプトの国中の初子、家畜の初子がすべて殺された

→ ファラオ、ついに降参

→ イスラエルの民、エジプト脱出へ

神が起こした葦の海の奇跡

エジプト脱出

［出エジプト記12～14章］

モーセがイスラエルの民を率いてエジプトを脱出したときの、海が割れる奇跡の真相とは？

●行く手をはばまれたモーセ一行の前で海が割れた！

イスラエル一家の移住（76ページ参照）から430年後、奴隷として苦役されていたイスラエルの民が、エジプトを脱出した。約束の地カナンまでの道すがら、神は昼には雲の柱、夜は火の柱をもって民を導いたという。また神は、カナンまでの最短ルートである地中海沿いのペリシテ街道へは導かず、荒れ野へと迂回《うかい》させた。それはペリシテ人との衝突を避けるためであった。

ところが、迂回したルートを追って来る者がいた。心を翻《ひるがえ》したファラオが軍勢を率いて追いかけて来たのだ。目の前には海、背後にはエジプト軍と、イスラエルの民が絶体絶命の危機に陥ったとき、奇跡が起こる。**モーセ**が神の指示通りに、海に向かって手を差し延べると、突然激しい東風が吹いて**葦《あし》の海**＊が2つに引き裂かれ、海の中に1本の道が出現した。イスラエル人はこの道を渡って逃げ延びることができたのである。そして再びモーセが手を差し延べると海はもと通りになり、追跡してきたエジプト軍を飲み込んでしまったという。

●葦の海の奇蹟はどこで起こったか？

この話は一般に「**紅海の奇跡**」と呼ばれよく知られているが、葦の海＝紅海というわけではなく、ほかにも葦の海の候補地がいくつかある。マンザラ湖、バルダウィル湖、ティムサ湖などがそうだが、比較的有力と思われるのは、スエズ運河北部の大ビター湖付近である。そこは多くの葦が生い茂る浅瀬で、強い東風が吹くと、水が両側におし分けられる現象が見られるという。ただ、この奇跡の後にモーセ一行がたどった道、すなわち**出エジプト**のルート（右図参照）も諸説あり、どの説をとるかによっても意見が分かれる。

＊かつては紅海と訳されていたが、最近は、原語（ヘブライ語）直訳の「葦の海」が使われることが多い

出エジプトのルート

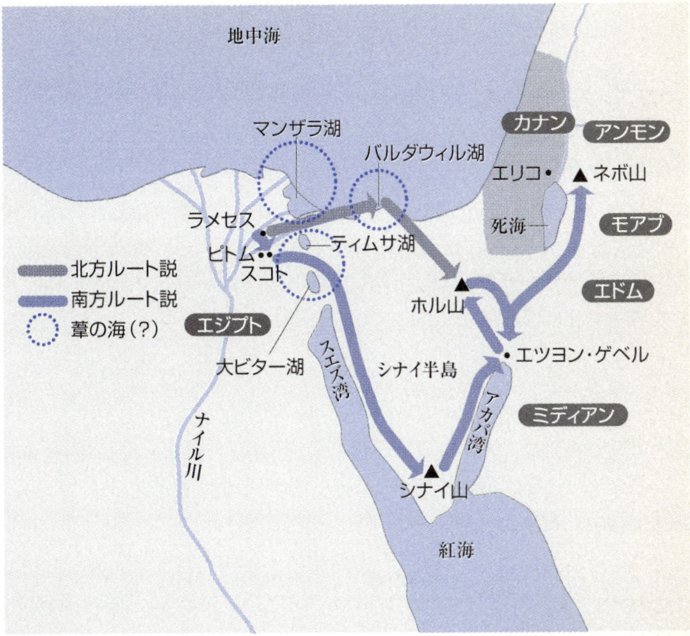

映画 十戒

モーセの誕生から、海が割れる奇跡、シナイ山での十戒の授与など、聖書に描かれているモーセの時代のエピソードを網羅したスペクタル史劇。有名な海が割れるシーンをはじめ、当時の最先端技術を駆使して撮影されたリアルな映像は、観客の度肝を抜いた。制作費も当時としては破格の1,350万ドルを費やした。アカデミー特殊効果賞受賞。
VHS3689円／DVD5700円　発売中
CIC・ビクタービデオ

40年に及ぶ放浪生活
荒野での試練

［出エジプト記15～16章、民数記11～14章］

神の保護を受けたイスラエルの民は、シナイの荒れ地を40年にわたりさまよった。当時の記憶が信仰をより強めたことは疑いの余地がない。

●神が与えたマナとは？

葦の海での奇跡を経験したイスラエル人は神の力を再確認し、指導者モーセに対しても信頼感を強めていた。しかし荒れ野に入り、水や食糧の確保が難しくなると、これならエジプトにいたほうがましだと不平を言い出した。

そこでモーセが神に訴えると、うずらが飛んできて、それはおいしい夕食になり、翌日の朝には宿営の周りに露が降りて蒸発し、一面に白いものが残った。これは神が与えたパンで、**マナ**＊と呼ばれた。

神が食物や水を与えても民の不平はなくならなかったが、一行は何とかともに旅を続け、ついに約束の地カナンの国境までやってきた。

●カナン偵察、そして再び荒れ野へ

約束の地に入る前に、モーセは**12部族**のなかから1人ずつ選び、偵察隊としてカナンへ送り込んだ。40日後に戻って来た彼らは、「あそこはすばらしい土地です。しかし住民は強く町は城壁で囲まれています」と報告した。偵察隊のうち**カレブ**と**ヨシュア**の2人は、神の言葉を信じて前進するのみと主張したが、残りの10人はカナン進出は無理だと主張。最終的には進出をあきらめる者が圧倒的多数となり、「新しい指導者を立てて、エジプトへ帰ろう」と言い出す始末だった。

これには、神の怒りが爆発した。神を信頼しなかったイスラエルの民は、その報いを受け、再び荒れ野に引き戻され、40年間の放浪を余儀なくされたのである。しかし、荒れ野での慢性的な食糧不足と水不足のなかで、さまざまな試練を克服した彼らは、強靭《きょうじん》な精神と信仰を強めていった。荒れ野での40年間は共同体としての意識を強め、民族の基盤にもなったのである。

＊シナイ半島に実在し、マナ御柳という植物に付着するマナ虫の分泌液体が凝結したものだと考えられている。マナは「こくのあるクリームのような味であった」という（民数記11－8）

イスラエルの民がさまよったシナイの荒野

シナイの荒野

シナイ山
出エジプトから3か月後、モーセ一行はシナイ山のふもとに宿営したという。シナイ山の場所は不明だが、シナイ半島南部のジェベル・ムーサがそれだといわれている。シナイはモーセが十戒（90ページ参照）を授かった場所でもある

欧米人の持つ倫理観のルーツ
十戒

［出エジプト記19～24、32～34、40章］

ユダヤ教やキリスト教の持つ倫理観の根源は十戒にさかのぼる。神がモーセに与えた十戒の内容と、シナイの荒野でイスラエルの民が犯した罪とは？

●モーセ、シナイ山で十戒を授かる

出エジプト記のなかには、有名な**十戒**のくだりがある。

エジプトを出発してから3か月後、一行はかつて**モーセ**が燃える柴からの神の声を聞いたシナイ山に到着し、ふもとに天幕を張った。神に呼ばれたモーセは厚い雲に覆われた山の頂に登って行った。稲妻が走り、雷鳴がとどろくなか、聖なる山**シナイ山**の頂で、神はモーセに十戒（右図参照）をはじめ、祭壇や奴隷、財産などさまざまなことがらに関する掟《おきて》を授けた。

下山したモーセは、神から授かった掟を民に読み聞かせ、その厳守を誓わせた。それから再び山頂に登ったモーセは、40日間にわたって神から細かい指示を受け、最後に掟を記した2枚の石版を授与された。

●金の子牛を礼拝した人々

モーセが石版を授かっている頃、ふもとでは大変なことが起こっていた。イスラエルの民はモーセがなかなか降りて来ないので、もう戻らないと思い、**黄金の子牛**を鋳造し新しい神として礼拝し始めたのである。これは偶像礼拝であり、唯一全能の神以外のものを神とする行為である。つまり彼らは、十戒のなかの1番目と2番目の掟を早くも破ってしまったのである。

神への裏切り行為を目のあたりにしたモーセは激怒し、2枚の石板を金の子牛の像へ投げつけた。石版はすっかり砕けてしまった。むろん神の怒りもすさまじく、彼らを皆殺しにするとまで言ったが、モーセの必死の説得により最悪の事態は免れた。それでも、その日のうちに3,000人が処刑されたというから相当な怒りである。

この後、石版は再び授与された。石版は、純金で覆われた箱（**契約の箱**）に納められ、イスラエルの民は常にこの箱を携えて移動した。

十戒（モーセ律法）

①あなたには、私をおいてほかに神があってはならない
②あなたはいかなる像も造ってはならない
③あなたは神、主の名をみだりに唱えてはならない
④安息日を心に留め、これを聖別せよ
⑤あなたの父母を敬え
⑥殺してはならない
⑦姦淫してはならない
⑧盗んではならない
⑨隣人に関して偽証してはならない
⑩隣人の家を欲してはならない。隣人の妻、男女の奴隷、牛、ろばなど隣人のものを一切欲してはならない

（出エジプト記20‐3～17）

契約の箱
1対のケルビムが翼をひろげて向かい合う贖いの座を蓋とし、左右には運搬用の棒が付いている（映画『インディ・ジョーンズ レイダース失われたアーク』より）

映画 インディ・ジョーンズ レイダース失われたアーク

ハリソン・フォード扮する若き考古学者インディ・ジョーンズが活躍する、大ヒットシリーズの第1弾。インディは、失われた財宝“黄金のアーク〈聖櫃〉＝契約の箱”を求めてエジプトへ。そんな彼の前に次から次へと危機が訪れる。映画では、見事にインディが「契約の箱」を見つけ出すが、本物は失われたままの財宝の1つである。
VHS2980円　発売中
CIC・ビクタービデオ

再び起こった奇跡

ヨシュア、約束の地に入る

［申命記31～34章、ヨシュア記1～3章］

モーセの意志を継いでカナンの地にイスラエルの民を率いたのがヨシュアである。どのようにしてカナンを征服していったのか。

●約束の地を目前に亡くなったモーセ

40年にわたる長い放浪の末、イスラエルの民は再びカナンの近くまでやって来た。120歳のモーセは、カナンに入ることはできなかったものの、神の指示に従って**ネボ山**に登り、そこで**約束の地カナン**の全土を見届けてから亡くなったという。

ネボ山は現在のヨルダン領にあるジェベル・エン・ネバ山だと考えられている。頂上には“モーセ終焉《しゅうえん》の地”の記念聖堂があり、多くの巡礼者が訪れている。

●ヨシュアに率いられて約束の地カナンへ

神はモーセの後継者に若き軍人**ヨシュア**を指名した。ヨシュアは40年前にモーセが送り出したカナン偵察隊のうちの1人だった。ヨシュアはそのときと同じように偵察隊を送り込む。

カナンの入口となる**エリコ**とその周辺を探ってきた偵察隊は「主は、あの土地をことごとく、我々の手に渡されました。土地の住民は皆、我々のことでおじけづいています。」（ヨシュア記2-24）と、前向きな発言をした。いよいよヨシュアはエリコを攻める決意をした。

しかしエリコに入るには**ヨルダン川**を越える必要があり、この時期のヨルダン川は増水していて、とても人が渡れる状態ではなかった。ところが、ここで葦《あし》の海の奇跡（86ページ参照）と同じ現象が再び起こる。契約の箱（91ページ参照）をかついだ祭司たちが先頭に立ちヨルダン川に入ると、川の水が分かれ壁のようにそそり立ったのである。

こうしてヨシュアたちはヨルダン川の渡河に成功し、念願の約束の地に足を踏み入れたのだった。

約束の地を前に…

ネボ山から眺めた
約束の地の風景

ネボ山の頂上にある
モーセの記念碑

ヨルダン川
ヨシュアとイスラエルの民は、この川を渡って約束の地カナンへ入った

エリコの戦いとカナンの征服
神の戦闘

［ヨシュア記5～12章］

イスラエルの民が行う戦争＝神の意志という構図は、聖書のなかの随所に出てくる。その代表的なものがエリコの戦いである。

●堅固なエリコの城壁を崩した神の秘策とは？

ヨシュア一行は、約束の地を征服するために原住民たちといくつもの戦いを繰り広げた。聖書によれば、最初の**エリコ**攻略にあたっては、神からある秘策がヨシュアに告げられた。

神のお告げ通りヨシュアは6日間兵士と祭司に毎日エリコの町をぐるりと1周ずつさせた。祭司には神の箱をかつがせ、角笛を吹かせながら歩かせた。そして7日目には町を7周回らせた後、祭司の長い角笛の音を合図に民に鬨《とき》の声を上げさせたのである。すると、エリコの城壁がガラガラと崩れ落ちたのだ。そこを一気に突入し、イスラエルの民は町を破壊し尽くした。

●カナンの征服

エリコの勝利で勢いに乗った民は、次に**アイ**を攻撃した。ところが、エリコより弱体のアイに敗退してしまう。これは、エリコの戦いでの戦利品を、ユダ族のアカンという男がひそかに盗んでいたことが神の怒りを買ったためだった。イスラエルの掟では戦利品はすべて神に捧げることになっていたのだ。アカンの罪は、彼とその家族を石で撃ち殺すことによって浄化された。

その後ヨシュア率いるイスラエル軍は、神の導きによりアイを破ると、カナンの他の町を次々と征服し、ついにはカナン全域を占領下に置いたという。ただ、実際のカナン征服は、軍事的統率のもとに一気になしとげられたわけではなく、徐々に定着していったというのが事実のようである。

ヨシュア記では、戦闘での勝利は神への従順の結果であり、戦闘での敗退は民の不信仰が原因であるとされる。エリコの戦いに代表される神の力が顕現された勝利の物語は、イスラエル人のカナン征服を正当化するものだったともいえる。

ヨシュアのカナン侵入経路

ヨシュア記によれば、約束の地カナンの征服は、ヨシュアの指揮のもと、東側の山地からなされた。ギルガルでヨルダン川を渡ったイスラエルの民は、エリコ、アイを相次いで陥落させ、その後、他のカナンの諸都市国家を占領していった

エリコ
淡水の泉が湧き出ているため、荒野にありながら肥沃なオアシスになっている

当時のパレスチナの住民とは？

カナンの文化と宗教

ヨシュアらがカナンに到着した頃、カナンには多くの都市国家が成立していた。当時のパレスチナの文化、宗教はどのようなものだったか。

●高度な文化を持っていたカナン人

ヨルダン川の西側、現在のパレスチナ一帯を指す地域が**カナン**である。カナンは都市国家の寄せ集めで、広さは日本の四国ぐらいしかないが、その原住民は、当時のイスラエル人に比べれば高度な文化を持ち、オリエント諸国と積極的に交易を行うなど国際性も豊かだった。

また、カナン人は多神教で、昔からさまざまな神を拝んできた。そのなかで中心的な存在だったのが、嵐の神であり豊穣の神である**バアル**（主人、所有者の意）神である。

カナンに定着したイスラエルの民は、カナン人から農耕技術とともにバアル神や、その配偶神である**アシュトレト**の礼拝を取り入れていった。しかし、それはもちろん、異教の神や偶像礼拝を禁止するイスラエルの神ヤハウェの怒りを買うことになる（第5章参照）。

●イスラエルの宿敵、ペリシテ人

ペリシテ人は、イスラエルの民がカナンに入る少し前に、カナン南部の沿岸平野に侵入していた。ペリシテ人は、B.C.1200年頃に小アジアから東地中海沿岸地方を席巻した海の民と呼ばれる集団の一群で、果敢にもエジプトに攻め入ったが、ラメセス3世の前に撃滅。エジプトの侵入に失敗した彼らは、結局カナン南部に安住の地を得たのだった。ペリシテ人が定住したペリシテの地（フィリスチア）は、今日の**パレスチナ**の語源となっている。

カナン定着後のイスラエル人は、ペリシテ人とたびたび戦うことになるが、鉄の武器を持つペリシテ人の前に苦戦を強いられる。しかし、ダビデがペリシテ人を撃破してからは、彼らの脅威《きょうい》も薄れ、いよいよイスラエル統一王国の繁栄を迎えるのだった（くわしくは112ページ参照）。

カナンの神々〜バアルとアシュトレト〜

バアル

カナンの最高神。嵐の神であり、豊穣の神。バアル神は、イスラエル人がもっともひかれた異教の神であり、イスラエルの預言者によってもっとも批判された神である。バアル神は稲妻を象徴する矛を右手に掲げ、牛の角の付いた兜をかぶり、武装した姿で表現されている。豊穣を約束するバアル礼拝は、カナンに定着し農耕生活を送るようになったイスラエル人にとって、非常に魅力的だったのだろう

アシュトレト

バアルの配偶女神で、愛と豊穣の女神。バビロニアのイシュタルと同じ神で、ヘレニズム時代にはギリシア神話に登場するアプロディーテ（ローマ神話ではヴィーナス）と同定されるようになる。パレスチナでは、乳房や陰部を強調した裸形のアシュトレト土偶が大量に出土している。アシュトレト礼拝は、聖なる結婚という神殿売春をともなったので、イスラエルの預言者らは性的堕落をもたらすがゆえに、この女神を激しく非難した

Column

祭司職を世襲したアロンの一族

祭司はイスラエルの宗教において重要な役割を担った。彼らは民と神との仲介者として聖所に仕え、民に神の契約の偉大さと厳しさを教え、祈りを指導し、律法を暗記させた。また、神への献《ささ》げ物の儀式を執《と》り行うのも彼らの重要な仕事だった。

アブラハムの時代には族長自身が供犠《きょうぎ》を司《つかさど》っていたが、出エジプト以降祭司という公職が成立し、祭司のなかでも最高権威を持つ者は大祭司と呼ばれた。

イスラエルにおける最初の大祭司は、モーセの兄アロンである。アロンはモーセの片腕として活躍し、出エジプトの際には口べたな弟に代わって直接ファラオとやりとりをしたりもしている。

アロンとともに彼の息子たちも祭司に任命され、以後、祭司職はアロン一族の世襲制《せしゅうせい》となった。

大祭司は、亜麻布《あまぬの》のそで付きガウンと、胸あての付いたエフォドと呼ばれる上着を着用し、頭にはターバンを巻いた

第5章

イスラエル興亡の歴史

ダビデ、ソロモンのもとでイスラエル王国は
黄金時代を迎えるが、栄光は長くは続かなかった…。

カナン定住後
土地の分配と士師の登場

［ヨシュア記13～22章、士師記1～2章］

占領したカナンの土地は部族ごとに分配された。しかし安定した生活のなかで人々は堕落し異教の神に傾倒したため、神の裁きを受ける。

●12部族への土地の分配

イスラエルには**12の部族**があった。各部族は**ヤコブ（イスラエル）**の12人の息子のうちの1人を祖とし、その息子または孫の名前を部族名としていた。

神は、占領したカナンの土地を部族ごとに分配したが、**祭司職**という特別な役割のある**レビ族**には固有の領土を与えなかった。その代わり彼らには、他の部族の土地の一部が分け与えられた。レビ族は他の部族から支援を受けて生計を立て、彼らのために神に仕えたのである。

●神に背いた民を救出した士師たち

イスラエルの民が安住の地を得てから長い年月がたった。遊牧民だった彼らは農業に従事し安定した暮らしを手に入れたが、周辺民族との争いにも苦しみ続けていた。しかし、それはイスラエル人が神への裏切り行為を何度も行ったために引き起こされたものだという。

カナン定着後の民は土着のカナン人からの影響も強く受け、農業や工芸技術だけでなく、**バアル神**（97ページ参照）など異教の神まで取り入れた。これを見た神は激怒し、周囲の国々にイスラエルを攻撃させる。苦境に立たされた民が真の神に改心を誓い助けを求めると、神は**士師**《しし》*と呼ばれる指導者たちを送り込んで民を救出するのである。ところが士師が死ぬと、再び人々は異教の神に傾倒し、そのたびに神は民を裁き、士師を送って救出したのである。このパターンは実に7回も繰り返されたという。

旧約聖書の**士師記**はこうした士師たちの活躍を記した書で、各部族から計12人の士師たちが登場する。102～105ページでは、12人のなかでも有名なデボラ、ギデオン、エフタ、サムソンの4人の士師の活躍を紹介する。

＊軍事指導者であり、政治指導者。さばきつかさと呼ぶ場合もある

イスラエルの12部族と分配された領地

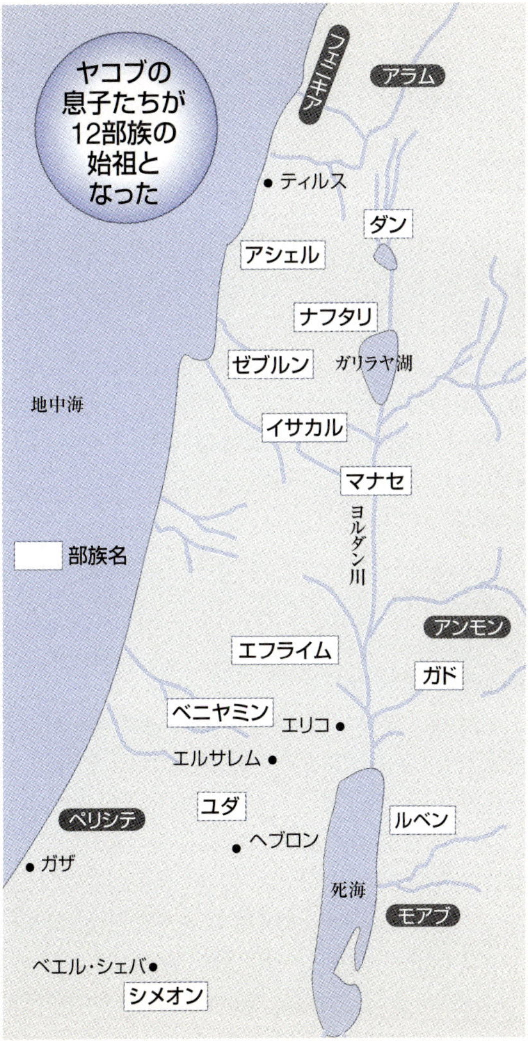

●エフライムとマナセは、ヤコブ（後にイスラエルと改名）が溺愛した11男ヨセフの息子の名前。ヨセフ族は2部族分の土地を与えられたため、ヨセフの名は部族名にならず、代わりに2人の息子の名前が部族名になった

●レビ人は代々祭司職についたため、特別な土地を持たず、他の部族の支援を受けて生活した

*ヤコブの息子たちについては75ページ参照

語り継がれる英雄①

デボラとギデオン

［士師記3～8章］

カナン軍との戦いに勝利をもたらしたのは勇敢な女性士師デボラ。マナセ出身のギデオンは少数精鋭の部隊で強敵ミディアン人に勝利した。

●唯一の女性士師デボラ

イスラエルの民がカナンの王ヤビンに支配されていた頃、士師として登場したのが女預言者**デボラ**である。彼女は、ナフタリ族の男**バラク**を呼び寄せ将軍に任命すると、「1万人を動員し、タボル山に集結せよ」と、神からの命令をバラクへ指示した。

この情報を聞いたヤビンの将軍シセラは、鉄の戦車900両を有する戦車部隊を率いて、**タボル山**のふもとの谷に陣を張った。そして、決戦のとき。デボラの激励を受けたイスラエル兵がいっせいに山を駆け降りると、突然の攻撃に驚いたヤビン軍は大混乱に陥り、壊滅状態になった。

1人逃走したシセラは、友好関係にあったカイン人ヘベルの天幕に逃げ込んだが、ヘベルの妻**ヤエル**に殺されてしまう。ヤエルがシセラを裏切った理由はわからないが、この戦いの勝利は、デボラとヤエルという2人の女性の活躍によってもたらされたことは間違いない。

●少数精鋭部隊を率いて敵に勝ったギデオン

デボラの次に登場した士師**ギデオン**は、わずか300人の軍隊を率いて13万のミディアン軍を破った。当初は、ギデオンの軍隊にもそれなりの人数がいたのだが、神の命令に従い、どんどん兵士の数を減らしていったという。しかも、神が指示した兵士の選抜方法はこんなユニークなものだった。

兵士たちは、最終的に“水のすくい方”で選ばれた。何も知らずに水辺に集められた兵士たちは、2通りの方法で水を飲んだ。ギデオンは、膝をつかずに手で水をすくった者を合格とし、膝をつきかがんで直接水を口につけて犬のように飲んだ者は不合格とした。こうして選ばれた300人の精鋭部隊で、ギデオン率いるイスラエル軍は勝利を収めたのである。

士師の時代とは?

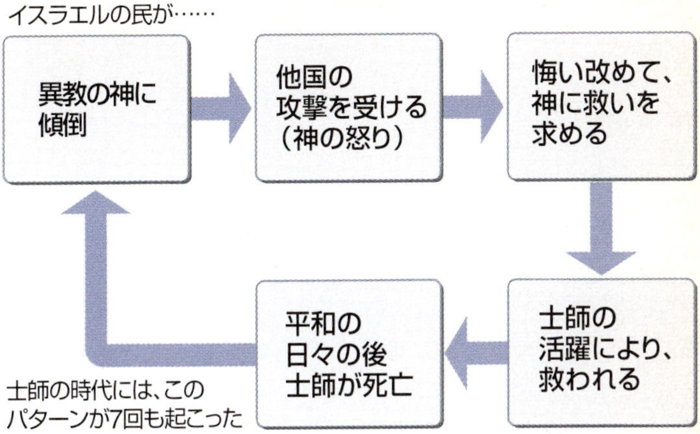
イスラエルの民が……
異教の神に傾倒
他国の攻撃を受ける(神の怒り)
悔い改めて、神に救いを求める
士師の活躍により、救われる
平和の日々の後士師が死亡
士師の時代には、このパターンが7回も起こった

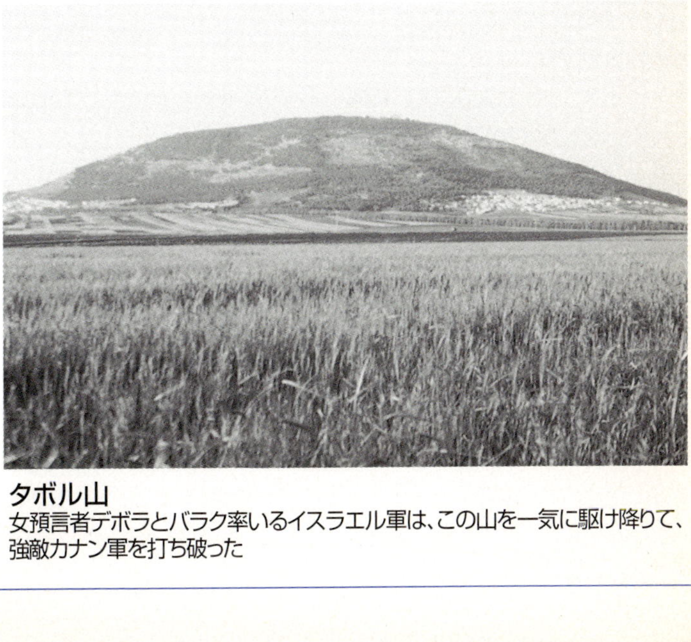

タボル山
女預言者デボラとバラク率いるイスラエル軍は、この山を一気に駆け降りて、強敵カナン軍を打ち破った

語り継がれる英雄②

エフタとサムソン

［士師記11～16章］

戦いには勝利したものの大事な１人娘を失った悲劇の士師エフタ。怪力の士師サムソンはさまざまな武勇伝を残し、壮絶な死を遂げた。

●自らの誓いのために娘を失ったエフタ

アンモン人との戦いに勝利した士師**エフタ**が家に戻ると、彼の愛娘が鼓を打ち鳴らし、踊りながら迎えに出てきた。これを見たエフタは、自らの愚かな行為を悔やみ嘆いた。なぜなら彼は、アンモン人との戦いに出陣する際、「戦いに勝利して帰郷できたら、家の戸口から最初にわたしを出迎えた者を、神に捧げます」と、神に誓いを立てていたからである。

誓いのことを聞いた娘は、それに抗議するでもなく、ただ「2か月間だけ自由にさせてほしい、処女のまま死ぬことを泣き悲しみたい」と申し出た。そして2か月後、エフタの誓い通り、娘は神に捧げられた。

●怪力の士師サムソン

サムソンは、その奇抜さゆえ、絵画やオペラ、映画など多くの芸術作品に残されている。彼は素手で獅子《しし》を倒したり、一度に1,000人を打ち殺すなど、とてつもない怪力の持ち主だったという。

ところがサムソンは、女性にはめっぽう弱かった。敵であるペリシテ人女性**デリラ**に心を奪われ、自分の怪力の秘密は髪を切らないことだという大事を打ち明けてしまう。デリラは、ペリシテ人の領主たちに買収されていた。果たしてサムソンはデリラの膝枕で眠っている間に髪の毛を切られ、あっけなく捕えられてしまったのである。

その後ペリシテ人の神殿で祝宴が開かれ、サムソンは無残な姿を笑いものにされていた。しかし、このときサムソンの髪の毛は伸び始めていた。怪力の戻ったサムソンが、神殿の中央の柱を力いっぱい押すと、建物は崩れ落ち、その場にいた者はすべて瓦礫《がれき》の下敷きとなった。こうしてサムソンは、ペリシテ人とともに命を落とした。

士師たちの活躍

名前	内容
①オトニエル	●アラムの王クシャン・リシュアタイムの支配から、独立を取り戻す
②エフド	●モアブの王に貢ぎ物を届けた際に左手で剣を抜き、王の腹を刺す。その後軍を率いてモアブ軍を破る
③シャムガル	●牛追いの棒でペリシテ人600人を打ち殺す
④デボラ	●唯一の女性士師。カナン軍を破る（102ページ参照）
⑤ギデオン	●少数部隊でミディアン軍を破る（102ページ参照）
⑥トラ ⑦ヤエル	●イスラエル国内の内乱などを鎮める
⑧エフタ	●左ページ参照
⑨イブツァン ⑩エロン ⑪アブドン	●イスラエル国内の内乱などを鎮める
⑫サムソン	●左ページ参照
⑬エリ	●士師であり大祭司。サムエルを教育した
⑭サムエル	●最後の士師であり預言者。イスラエルに王制の基礎を築いた（108ページ参照）

士師たちは、周囲の部族と戦う際には軍事的指導者となったが、通常はイスラエルの政治的指導者として活躍した

＊丸付数字は登場した順番
＊エリとサムエルの活躍はサムエル記に記されている

美しき姑嫁愛
ルツとナオミの物語

［ルツ記］

姑に尽くすルツのストーリーは、美しい話として古来から好まれた。ミレーの有名な絵画「落ち穂拾い」はこの物語がモチーフとなっている。

●有名な絵画のモチーフとなった美しい物語

士師たちの時代、ベツレヘムに住んでいた**エリメレク**一家は、飢饉《ききん》から逃れるためにモアブの野へ移り住んでいたが、エリメレクと2人の息子たちは亡くなり、妻の**ナオミ**と、息子たちがめとったモアブ人の嫁2人が残された。ナオミはベツレヘムに帰る決意をし、2人の嫁には自分の里に帰るよう説得するが、嫁の1人**ルツ**はナオミについて行くという。こうしてナオミはルツとともに出発し、大麦の刈り入れが始まる頃にベツレヘムに着いた。

さて、故郷に帰ってはきたものの2人には生活の手段がなかった。そこでルツは畑に行き、**落ち穂拾い**をすることにした。当時は穀物の刈り入れのときに、未亡人や在留異国人など経済的に苦しい人たちのために、落ち穂を残しておく習慣があった。ルツは他の貧しい人々とともに麦を刈る人たちの後について落ち穂を拾い集めた。ミレーの名画「落ち穂拾い」は、この様子を描いたものである。

●ルツの家系は、ダビデ王やイエスにつながる

ある日ルツが落ち穂を拾っていると、畑の所有者である**ボアズ**がやって来た。偶然にもボアズはナオミの親戚で、姑思いのルツの評判を聞いていた彼は、ルツが困らないように取り計らってくれた。このことをルツから聞いたナオミは大変喜び、やがてある計画を思いつく。それは、ルツをボアズの嫁にしようというものである。

ボアズは結婚の申込みを喜んで受け、2人は後にオベドという男の子をもうけた。オベドからはエッサイが生まれ、エッサイからはイスラエルの王となる**ダビデ**が生まれる。そして、ダビデの家系からは**イエス**が生まれるのである。

ルツの家系からダビデやイエスが生まれる

ナオミ ― エリメレク

ボアズ ― ルツ ― マフロン

裕福な農夫。イスラエル人で、ナオミの遠縁にあたる

モアブ人

モアブで死亡

オベド

エッサイ

ダビデ

ヨセフ

イエス

現在のベツレヘム

ルツの子孫には、後にイスラエル全土の統一を果たすダビデ王、さらにはイエスがいる

士師の時代から王の時代へ

預言者サムエルの時代

［サムエル記1〜16章］

部族制から王制へと移行する過渡期に活躍し、王国建国の立役者となったサムエル。彼はイスラエルの王となるサウルとダビデに油を注いだ。

●偉大な指導者サムエルと、王を求める民

幼い頃から**シロの聖所**で神に仕えていた**サムエル**は、高潔な人格で民にも尊敬された。彼は少年時代に神の声を聞き預言者となり、後に士師《しし》としても活躍した。サムエルは信仰一筋に生き、心を尽くしてただ神のみに仕えれば、神が敵国から救ってくれると説いた。

しかし、イスラエルと他の民族との衝突は続いていた。なかでも鉄製の武器を大量に保有するペリシテ人との戦いでは劣勢を強いられた。こうした強い敵と戦うためには、それまで分裂していたイスラエルの12部族が団結せざるを得なくなり、民は12部族全体の上に立つ**王**を求めるようになった。サムエルが後継者に任命した彼の息子たちが、士師には不適格な人物だったことも民の不安を募らせていた。だが、「王が欲しい！」という要求は、士師であるサムエルと神とを拒否するものである。サムエルは、重税や強制労働など、王を立てることの弊害を説明したが、それでも民は王を求めた。

サムエルは神の指示を受けて、ベニヤミン族の**サウル**の頭に油を注ぎ*、彼を王に任命した。イスラエルの初代の王になったサウルは、周辺民族との戦いに明け暮れ、連戦連勝で人々を喜ばせた。勇敢な戦士でありながら信心深く謙虚な王サウルを、民は熱狂的に支持した。ところが、サウルはだんだん傲慢《ごうまん》になり神に背《そむ》くようになった。神は「わたしはサウルを王に立てたことを悔やむ」と嘆き、彼のもとを去った。サムエルもまたサウルと訣別《けつべつ》した。

神とサムエルに見放されうつ状態に陥ったサウルを慰めたのは、少年**ダビデ**の竪琴《たてごと》の音だった。この少年こそイスラエル2代目の王となる人物である。このとき彼はすでにサムエルによって油を注がれていたのだった。

＊祭司や預言者、王などを任命する際に油を注ぐという行為が行われた。油を注がれた者は、神によって選ばれた者、聖別された者という意味を持つ

サムエルの生涯とイスラエル統一王国への歩み

士師の時代（部族制）

B.C.1050年頃、サムエル誕生
この頃のイスラエルはペリシテ人との戦いで敗北を続ける

↓

サムエル、3歳でシロの聖所に預けられ、祭司エリのもとで神に仕える

↓

少年サムエルに神から最初の呼びかけ。大人になったサムエルは預言者として民に信頼されるようになる

↓

年老いたサムエルが自分の息子たちを士師に任命。しかし民はこれに反発。他の国のように王を立てようという声が強まる

↓

王の時代

サムエル、神の指示によりベニヤミン族のサウルに油を注ぐ。
B.C.1020年、サウルがミツパで正式にイスラエルの王に即位

↓

サムエル、神に対して不従順になったサウルと訣別

↓

サムエル、神の指示によりベツレヘムの少年ダビデに油を注ぐ

↓

サムエル死亡

↓

B.C.1005〜1000年頃、サウル死亡
ダビデがユダ族の王に即位

↓

即位から7年後、ダビデが全イスラエルの統一王に即位

少年ダビデの活躍とサウルの背信

イスラエル初代の王、サウル

［サムエル記上17～31章］

サウルは勇敢な少年ダビデを寵愛していたが、やがて民の人気を集めるダビデを妬むようになり、彼を殺そうと執拗に追うようになる。

●ダビデとゴリアテの戦い

少年ダビデの竪琴《たてごと》の音に癒《いや》されて元気になった**サウル**は、ペリシテ人との戦いに明け暮れていた。

ある日ペリシテ軍のなかから「一騎討ちで決着をつけよう」と１人の大男が進み出てきた。**ゴリアト**と名乗るこの男は身長が３ｍもあり、青銅の鎧《よろい》や兜《かぶと》を身に着け、鉄の武器を持っていた。大男はこうして毎日戦いを挑んできたが、イスラエル軍に挑戦を受ける者は１人もいなかった。そんななか、少年**ダビデ**が挑戦者として名乗り出た。誰の目にもダビデの挑戦は無謀に映ったが、サウル王はダビデに託すことにした。

挑戦者として現れたダビデを見たゴリアトは、こんな少年を差し向けるなど侮辱だと怒り心頭。しかし、ダビデはひるまなかった。「お前は剣や槍《やり》や投げ槍でわたしに向かって来るが、わたしはお前が挑戦したイスラエルの戦列の神、万軍の主の名によってお前に立ち向かう。」（サムエル記上17－45）と、ゴリアトめがけて走って行った。ダビデが石投げ紐を使って石を飛ばすと、その石は見事ゴリアトの額に命中した。ダビデはうつ伏せに倒れたゴリアトの剣を奪ってとどめを刺し、首を切り落としたのだった。

●ダビデに嫉妬した王サウル

ゴリアトを倒したダビデは、その後の戦いでも勝ち続け、サウルと民を喜ばせた。しかし、民が「サウルは千を討ち　ダビデは万を討った。」（サムエル記上18－7）と歌っているのを聞いたとき、ダビデに対するサウルの寵愛は、嫉妬《しっと》に変わった。サウルはあらゆる手を使ってダビデを殺そうとするが、ことごとく失敗。ダビデを執拗に追い回したサウルだったが、ダビデを捕えることができないまま、ペリシテ人との戦闘で非業《ひごう》の死を遂げた。

サウル王の栄光と転落の人生

最盛期
神に選ばれ、イスラエル初代の王になる。神に忠実で勇敢な王は、多くの民に受け入れられる

↓

背信
サムエルが伝える神の命令に従わなくなったため、神とサムエルが離れていく

↓

ダビデを寵愛
うつ状態になったサウルは、少年ダビデの竪琴の音に癒される。その後、巨人ゴリアトを倒したダビデを側近にする

↓

ダビデに嫉妬
数々の戦果をあげ人気者になったダビデに嫉妬し、自らダビデを殺害しようとするが失敗

↓

ダビデを執拗に追う
部下にダビデの殺害命令を出し、ダビデが敵国に逃れるまで執拗に追い続ける

↓

自殺
ペリシテ人との戦闘で傷を負ったサウルは、捕虜になることを恐れ自ら剣の上に倒れる

ドナテッロ「ダビデ像」
バル・ジェッロ国立博物館(イタリア/フィレンツェ)
ダビデとゴリアトのエピソードをモチーフに制作された

ペリシテ人との戦い
(映画『キング・ダビデ　愛と闘いの伝説』より)

全イスラエルを統一
ダビデ王の物語

［サムエル記下2～10章］

全イスラエルを統一したダビデはエルサレムを都と定め、王国を繁栄させる。ダビデのめざましい活躍は、後世のメシア思想に結び付く。

●ダビデがイスラエルを統一

サウルの死後、イスラエルの北方の諸部族はサウルの息子**イシュ・ボシェト**を王に任命し、南部のユダ族は**ダビデ**を王に擁立したため、その勢力を争う内戦が起こった。内戦は7年に及んだが、終始ダビデ側が優勢だった。最終的には、サウル側の実権を握っていた将軍アブネルがダビデ側に寝返り、イシュ・ボシェトが殺害されたことで、結着がついた。こうしてダビデは北方の諸部族も支配下に置き、イスラエル全土の王になった。

羊飼いの末っ子として生まれたダビデは、竪琴《たてごと》の名手として王宮に仕え、さらに武将として活躍した後、30歳でユダの王になり、37歳でイスラエル統一王国を治めることになったのである。

●首都エルサレムの建設

統一王国の首都は、北部のイスラエルと南部のユダの境目にある**エルサレム**が選ばれた。高地にあり起伏に富むエルサレムの地形は、他の民族の襲撃を防ぎやすいというメリットもあったからである。ダビデはエルサレムに城壁を築き王宮を建てた。シロに置かれていた**契約の箱**もここに移されたため、以後エルサレムは政治的にも宗教的にも重要な町となる。

外征に乗り出したダビデは、宿敵ペリシテ人をはじめ近隣諸国を打ち破り、イスラエル史上最高の繁栄と広大な領土とを民にもたらした。

こうしたダビデの活躍は、彼を理想の王と呼ぶに十分だった。後世のイスラエルの人々が待ち望んだ**メシア**(**救世主**)の原型こそ、このダビデ王にある。B.C.6世紀以降、自らの領土を失ったイスラエル人(ユダヤ人)はメシアを求めるようになり、そのメシアはかつての偉大なる王ダビデの子孫から現れるだろうと考え始めるのである(**メシア待望論**。28ページ参照)。

統一されたイスラエル王国

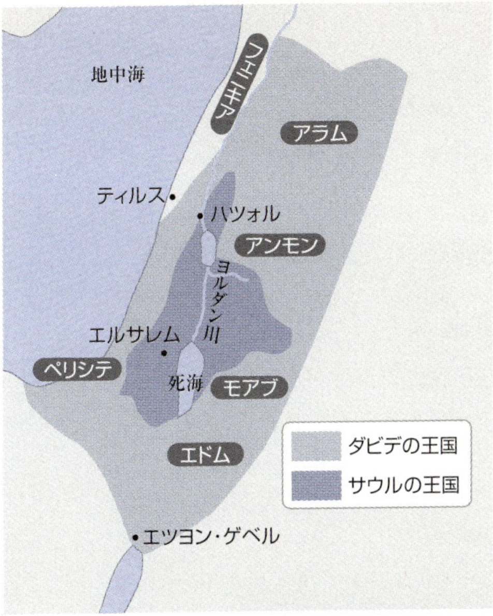

外征に乗り出したダビデ軍は次々に勝利を収め、領土を拡大した。この領土はダビデの息子であるソロモン王に受け継がれるが、ソロモンの子の時代には南北に分断されることになる

エルサレム市街
ダビデはエブス人の支配下にあったエルサレムを占領し、「ダビデの町」と呼んで自らの首都とした

ダビデが犯した罪

ダビデとバト・シェバ

［サムエル記下11～13章］

人妻バト・シェバと関係を持ったダビデは神の叱責を受け、厳しい罰を下される。長子アムノンの殺害は神が与えた罰の1つだった。

●バト・シェバとの不倫

イスラエル史に燦然《さんぜん》と輝く偉大な王**ダビデ**だが、そんな彼も大罪を犯し、不幸な晩年を送ったことが聖書には書かれている。

水浴びをしていた美しい人妻**バト・シェバ**に恋をしたダビデは、彼女と関係を結んでしまう。このときバト・シェバの夫ウリヤは出兵していたが、やがて彼女は妊娠。罪の発覚を恐れたダビデは、ウリヤを戦地から呼び寄せ、戦況を聞く口実で会った後、家へ帰るよう指示する。ところがウリヤは「わたしだけ妻と床をともにしたりできるでしょうか」と、絶対に帰ろうとしない。ついにダビデは、彼を戦いの最前線に送り込んで戦死させるという暴挙に出る。そして夫を失ったバト・シェバを王宮に引き取り自分の妻にした。

姦通の罪に加え、このような汚い手口で罪を隠そうとしたダビデは、預言者ナタンを通して神に激しく責められる。自らの罪を認め反省したダビデだったが、神の罰は厳しく、バト・シェバとの間に生まれた子どもは生後間もなく亡くなった。しかし、この後バト・シェバは再びダビデの子を妊娠し、ダビデの後継者となるソロモンを出産する。

●兄弟に殺されたダビデの長子アムノン

バト・シェバを妻に迎える前からダビデにはたくさんの妻と側女がいたため、子どもも大勢いた。そんななかで悲惨な事件が起こる。

美しい異母妹タマルを愛していた長男の**アムノン**は仮病を使って彼女を呼び出すと、力づくで関係を結んでしまったのだ。事の一部始終を聞いた父ダビデは激怒したが、罰は与えなかった。このとき心の奥で憎悪の念を燃やしていたのは、**タマル**の実兄**アブサロム**である。彼は事件から2年後アムノンを殺害し、逃亡したのだった。

ダビデの妻と子どもたち

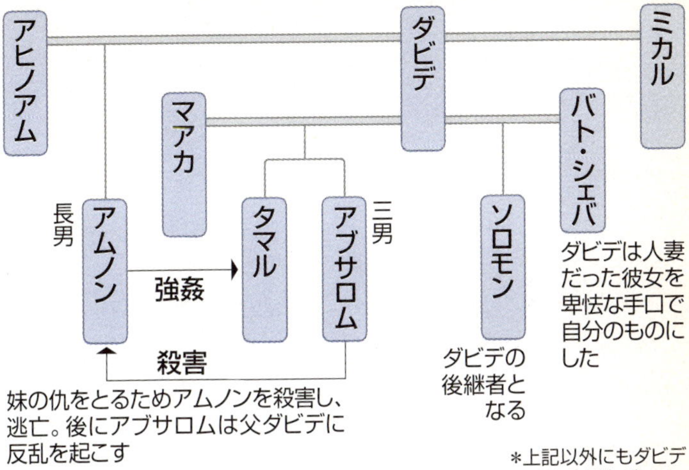

＊上記以外にもダビデには妻や側女がいて、たくさんの子どもをもうけた。サウルの娘ミカルとの間には子どもは生まれなかった

ダビデの塔
ダビデがバト・シェバの水浴びを見たという伝説がある場所。しかし、実際にはこの塔は中世に建てられたものなので、ダビデとは直接関係はない

実の息子による謀叛

アブサロムの反乱

［サムエル記下14～19章］

兄殺しの罪で追放されたアブサロムはダビデの許しを得て帰還するが、父ダビデに対して謀叛を企てる。

●謀叛《むほん》を企てたダビデの息子アブサロム

母親の故郷ゲシュルで逃亡生活を送っていた**アブサロム**は、事件から3年たってエルサレムへの帰還が許された。ただし帰還後2年間はダビデの前に出ることを禁じられたため、父ダビデとの再会は、事件から5年後のことだった。しかし、親子の和解は完全なものではなかった。再会から4年後、ひそかに支持者を集めていたアブサロムは、ダビデに反旗を翻《ひるがえ》す。

ある日アブサロムは「礼拝に行く」という口実で、200人の供を引き連れてヘブロンへ向かった。到着したアブサロムは、イスラエルの全部族に密使を送り、「アブサロムがヘブロンで王となった」と言うように命じた。こうしてアブサロムのもとには大勢の支持者が集まった。

●ダビデ軍とアブサロム軍の激突

ダビデは、エルサレムが戦場になることを嫌い、家臣とともに急いでエルサレムを脱出。このときダビデはすでに70歳だった。ダビデが友人のフシャイをアブサロム側に寝返ったと見せかけてエルサレムに送り込んだ頃、アブサロムの一行もエルサレムに到着していた。フシャイの活躍で時間をかせぐことができたが、実の息子との合戦は免れなかった。老いたダビデは兵士たちに「アブサロムを手荒には扱わないでくれ」と言うだけだった。戦いはダビデ軍の圧勝だった。ラバに乗って逃げ回っていたアブサロムは、自慢の長髪が木の枝にからまり宙づりになったところを、ダビデの部下に殺された。

アブサロムの死を知ったダビデは深く悲しみ、「わたしの息子アブサロムよ、わたしの息子よ。わたしの息子アブサロムよ、わたしがお前に代わって死ねばよかった。アブサロム、わたしの息子よ、わたしの息子よ。」(サムエル記下19–1)と、泣き叫んだという。

ダビデの晩年に起こったさまざまな問題

バト・シェバとの姦淫と、彼女の夫を殺害するという罪を犯したダビデは、神の怒りを買い、数々の不幸に見舞われた

- 王子同士の殺し合い
- 王子の1人アブサロムの反乱と死
- 国内の北の10部族と南の2部族との争い
- ベニヤミン人シェバの反逆
- 人口調査を行った罰として飢饉が流行
- 王位継承者の争い

ダビデの墓
ダビデは、バト・シェバとの子ソロモンを後継者に指名した後亡くなり、ダビデの町に葬られたという

映画 キング・ダビデ 愛と闘いの伝説

イスラエルの2代目王ダビデの生涯を描いた作品。物語はサウル王の時代から始まる。預言者のサムエルは、神に選ばれたしるしとして、少年ダビデに油を注ぐ。少年ダビデとゴリアトの対決をはじめ、サウル王との確執やバト・シェバとの不倫など、有名なエピソードが盛り込まれている。ダビデ役は『プリティ・ウーマン』のリチャード・ギア。
VHS13890円　発売中
CIC・ビクタービデオ

ソロモンの栄華①

ソロモンの神殿建設

［列王記上1・2・5～8・11章］

ダビデの子ソロモンの時代には神殿が建設され、イスラエルは隆盛を極めた。しかし異教の神に傾倒したため、後に王国を分断されることになる。

●ソロモンは神から豊かな知恵を授かった

ダビデの死後王位を引き継いだ**ソロモン**は、たぐいまれな知恵によって、イスラエル王国の黄金時代を築いた。

ソロモンの伝説的な知恵は、彼の謙虚な姿勢がもたらしたもので、夢枕に現れた神がソロモンに「何事でも願うがよい。あなたに与えよう。」と言ったとき、彼は「民を正しく裁くための知恵」を求めたという。この謙虚な願いに喜んだ神は、彼の願い通りに豊かな知恵を与えたほか、富と栄光、長寿までをも与えた。

ソロモンの知恵は国内外の政治にいかんなく発揮された。彼はイスラエルの12部族それぞれに知事を置き、自分自身が支配しやすい中央集権国家をつくりあげ、海上貿易も積極的に行った。ソロモンの治世はダビデ王の時代よりますます発展し、彼の知恵と富は世界中に知れ渡った。

●第1神殿の完成

ソロモンの栄光で忘れてはならないのが、大規模な**神殿と王宮の建設**である。まず7年の歳月をかけて大神殿がつくられた。建設にあたっては最高の技術を持つ優秀な人材と、貿易で得た貴重な木材を惜しみなく使ったという。完成した神殿には大切な契約の箱が納められた。神殿の後はさらに大規模な宮殿の建設に着手し、こちらは完成までに13年の歳月が費やされた。

ところで、ソロモンには700人の妻と300人の側室がいたが、政略結婚も多く、エジプトのファラオの娘など外国人も多かった。この政略結婚は王国に巨大な富と平和をもたらすと同時に、異教の神々まで持ち込んだ。ソロモンはそれを容認し、異教の神々のための祭壇までつくったため、激怒した神は、ソロモンの息子の時代に王国を引き裂くことを予告した。

ソロモンの神殿の復元図

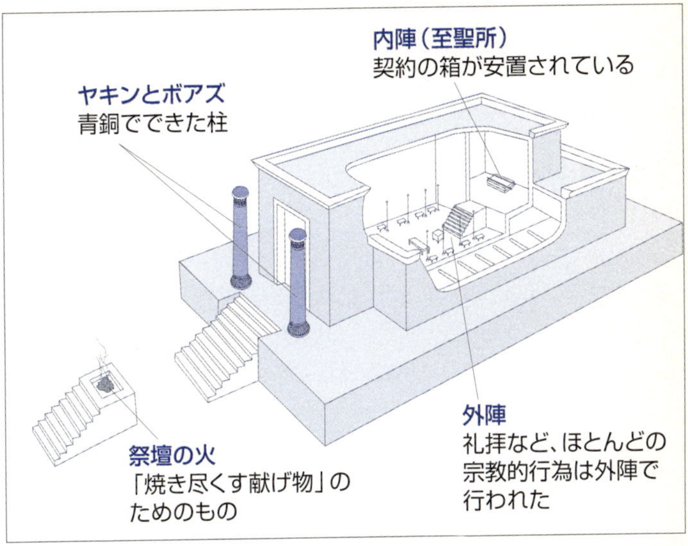

嘆きの壁
現在残っているエルサレム神殿の西壁は「嘆きの壁」と名付けられ、ユダヤ人の聖地となっている

ソロモンの栄華②

賢王ソロモンとシェバの女王

［列王記上3・9～10章］

神から授かったソロモンの知恵は、数々の名裁きとしてあらわれた。また、ソロモンの知恵を確かめるために外国から多くの人々が訪れた。

●本物の母親はどっち?

ある日、2人の遊女が**ソロモン**のもとに判決を求めにやってきた。2人は同じ家に住み、同じ時期に赤ん坊を産んだが、不運にも赤ん坊の1人が死んでしまった。ところが、2人とも生きている赤ん坊の母親は自分だと主張して譲らない。果たしてうそをついているのは、どちらの女か…。

知恵の王ソロモンは家臣に剣を持って来させ、こう言った。「生きている子を2つに裂き、2人の母親に半分ずつ与えよ」。これを聞いた2人の反応は対照的だった。1人は「赤ん坊を殺さないでこの人にあげてほしい」と嘆願し、もう1人は「裂いて分けてください」と言ったのである。赤ん坊を殺さないでほしい、と言った前者が真の母親であることは明白だった。

●シェバの女王の訪問

ソロモンの知恵とイスラエル王国の繁栄は、遠くの国々にまで届いていた。そんなある日、アラビア半島の南西部、現在のイエメンにあったといわれる**シェバの国の女王**が、うわさを聞きつけてやってきた。女王はソロモンを試そうと難問をぶつけるが、ソロモンはすべての質問に完璧に答えた。女王はソロモンの知恵に驚き、彼の宮殿、料理、家臣や給仕たちの装いなど、その豪華さにも圧倒された。そして彼女は、「(ソロモンの)知恵と富はうわさ以上であった」と敬服し、たくさんの香料と宝石をソロモンに贈った。シェバの女王からこれまでにないほどの贈り物をもらったソロモンは、その返礼として、女王の贈り物以上の品々を、彼女が望むままに与えたという。

シェバの国については、現在のエチオピアにあった国ではないかという説も古くからある。エチオピオには、ソロモンとシェバの女王の間には子どもがあり、その子がエチオピアの初代王になったという建国伝説がある。

ソロモン王の事業と交易

ソロモンはエルサレムの神殿建設をはじめ、数多くの事業を行った。海上交易を積極的に行い、要塞都市も数多く築いた

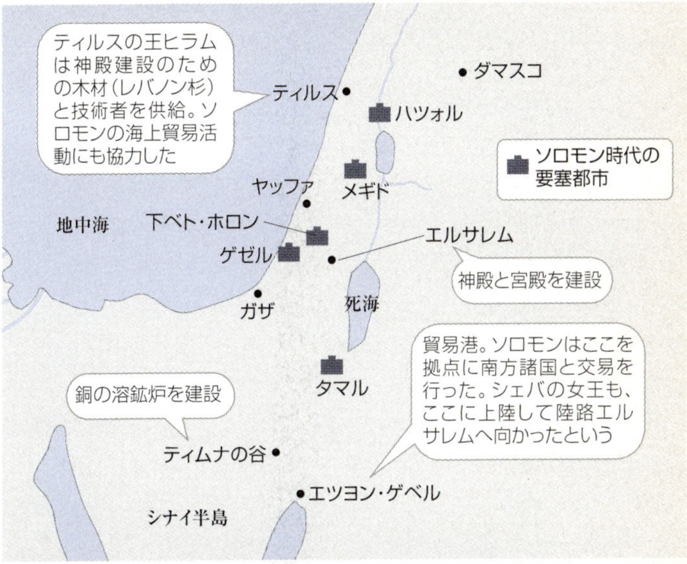

ソロモンの柱
現在のティムナ国立公園は、かつてはソロモン王の鉱山があった場所。ここには「ソロモンの柱」と呼ばれる高さ約30mの巨大な岩の塊がある

統一王国の崩壊

部族間の対立と国の分裂

［列王記上11～14章］

ソロモンの栄華の影で重税や重労働に苦しんでいた民は、王位を継いだ息子のレハブアムに反発。王国は北のイスラエルと南のユダに分かれてしまう。

●イスラエルが北と南に分裂

ソロモンの死後は息子の**レハブアム**が王位についたが、ユダ族とベニヤミン族を除く北の10部族はこれに反発した。前王ソロモンが大規模な事業を行う一方で、人々は重労働に苦しんでいたからである。かつてソロモンに仕えていた**ヤロブアム**が民の代表となり、新王レハブアムに「過酷《かこく》な労働と税を軽くしてくれれば、わたしたちはあなたに仕えます」と嘆願したが、新王は民の声を受け入れず、もっと税と労働を重くすると答えたのだった。

王の答えに失望したイスラエルの10部族は、ソロモンの子レハブアムではなく、ヤロブアムを王に立てた。こうしてダビデ、ソロモンのもとで繁栄した統一王国は崩壊し、ヤロブアムを王とする北の**イスラエル王国**と、レハブアムを王とする南の**ユダ王国**の2つに分裂してしまった。

●異教の信仰に走った歴代の王たち

イスラエルの王になったヤロブアムは、実はソロモンの在世中に、預言者**アヒヤ**を通して自分が王になりイスラエルの10部族を支配することを聞いていた。もちろん、それには「神の目にかなう正しいことを行い、掟《おきて》と戒《いまし》めを守る」という条件が付いていることは言うまでもない。

ところが王になった途端ヤロブアムは、偶像礼拝を始めてしまう。彼は、ベテルとダンの地に礼拝所をつくって金の子牛を置き、レビ人以外の者を祭司に選んだ。以後イスラエル王国では、異教の神への信仰がひろく行われるようになる。

一方、南のユダ王国は、ダビデの家系の者が歴代の王になったことや、領土に聖地エルサレムがあったこともあり、イスラエル王国よりはましだったといえる。とはいえ、異教の神に傾く王も決して少なくはなかった。

ユダ王国とイスラエル王国の歴代の王たち

（年代はすべてB.C.）

年代	南…ユダ王国（ユダ族とベニヤミン族の2部族を統治）	北…イスラエル王国（ナフタリ族、マナセ族など10部族を統治）
924年～	①レハブアム　②アビヤム ③アサ	①ヤロブアム　②ナダブ ③バシャ
800年代	④ヨシャファト　⑤ヨラム ⑥アハズヤ ⑦アタルヤ ⑧ヨアシュ	④エラ　⑤ジムリ ⑥オムリ　⑦アハブ ⑧アハズヤ　⑨ヨラム ⑩イエフ　⑪ヨアハズ
700年代	⑨アマツヤ ⑩ウジヤ（別名アザルヤ） ⑪ヨタム ⑫アハズ ⑬ヒゼキヤ	⑫ヨアシュ　⑬ヤロブアム2世　⑭ゼカルヤ　⑮シャルム ⑯メナヘム　⑰ペカフヤ ⑱ペカ ⑲ホシェア B.C. 721年 王国滅亡
600年代	⑭マナセ　⑮アモン ⑯ヨシヤ　⑰ヨアハズ2世 ⑱ヨヤキム	
500年代	⑲ヨヤキン ⑳ゼデキヤ B.C. 586年 王国滅亡	

歴代の王たちの背神は神の怒りを買い、それぞれの国は滅亡へと向かう

青字は主の目にかなう正しいことを行った王

黒字は主の目に悪とされることを行った王

*丸付数字は王位についた順番

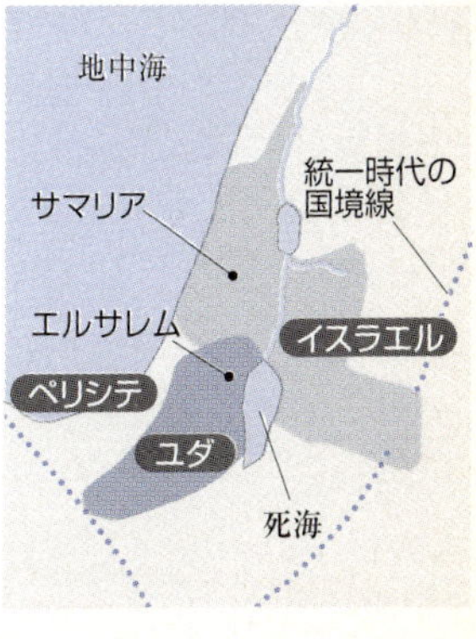

大国に滅ぼされた北王国と南王国
王国の滅亡

［列王記上15章～列王記下25章］

異教の神に傾倒した民に対する神の制裁としてイスラエル王国はアッシリアに滅ぼされる。やがて複雑な国際関係のなかでユダ王国も滅亡する。

●イスラエル王国の滅亡

北のイスラエル王国は、南のユダ王国のように世襲制が確立されていなかったため、さまざまな家系の者が王位を争い、政権交代の際に血が流れることも少なくなかった。国内政治の荒廃に加え、ユダ王国との内戦や近隣諸国との抗争もあって、イスラエル王国は常に不安定な状態だったのである。

そしてついに北方の大国**アッシリア**の脅威《きょうい》がイスラエル王国を襲う。B.C.745年頃から近隣諸国の制圧に乗り出していたアッシリアは、B.C721年にイスラエル王国の首都**サマリア**を陥落。アッシリアの王**サルゴン2世**はイスラエルの民を自国に連行し、代わりにバビロンやクトなどから連れてきた異民族をサマリアに住まわせた。これらの異邦人はサマリアに残留したイスラエル人と結婚し、後の**サマリア人**の先祖となった。

●ユダ王国の滅亡

ユダ王国は、イスラエル王国に比べると大国の脅威も少なく、国内政治も安定していた。偶像礼拝に傾倒する者も多かったが、第16代の**ヨシヤ王**など神ヤハウェに忠実な者もいたためか、ユダ王国は、イスラエル王国の滅亡後もしばらく生き延びる。

しかし、B.C.700年頃からはアッシリアや**新バビロニア**といった大国との同盟を余儀なくされ、ついにはこれに反逆する王が出てくる。

B.C.597年、ユダの王ヨヤキムの反逆に対して新バビロニア軍がエルサレムを攻撃。神殿や宮殿の宝物を奪ったうえ、ユダの王など有力者たちをバビロンへ連れ去った。これが歴史的にも有名な**バビロン捕囚**の第一波である。B.C.586年にはユダの王ゼデキヤの反逆に対して、新バビロニア軍はエルサレムを徹底的に破壊、再び多くの民がバビロンへ連行されたのだった。

ユダ王国とイスラエル王国の独立から滅亡まで

（年代はすべてB.C.）

926年	イスラエル統一王国が南のユダ王国と北のイスラエル王国に分裂

ユダ王国

924年	ソロモンの息子レハブアムが即位。以後ダビデの子孫が王位を守る
721年	ヒゼキヤ王、アッシリア帝国に服従
701年	アッシリア帝国の王センナケリブ軍がエルサレムを包囲するが、急遽撤退。危機を逃れる

イスラエル王国

924年	ヤロブアム即位。以後さまざまな部族や一族が王位を継承
721年	アッシリア帝国の王サルゴン2世がサマリヤを陥落。多くのイスラエル人がアッシリア帝国に連行される　**王国滅亡**

612年	新バビロニアとメディアの連合軍がアッシリアを滅ぼす
605年	カルケミシュの戦いで新バビロニア軍がエジプト軍を打ち破る →新バビロニア帝国がシリア・パレスチナの支配を確立
597年	新バビロニア帝国の王ネブカドネツァル2世がエルサレムを包囲し、第1回バビロン捕囚。ユダ王国は新バビロニア帝国の属国になる
590年頃	エジプトを後ろ楯にしたゼデキヤ王が、新バビロニアに反乱
586年	新バビロニア軍がエルサレムを陥落。神殿崩壊。第2回バビロン捕囚　**王国滅亡**
582年	第3回バビロン捕囚

歴史的にも有名な事件

バビロン捕囚

イスラエルの民の多くはバビロニアに連行され、強制労働をさせられたが、彼らはこの時期にユダヤ教の基礎を築いた。

●バビロンでの信仰と生活

当時の戦争において、戦勝国が戦敗国の民を捕囚することは珍しいことではなかった。民を祖国から離れた場所へ移すことによって戦勝国の実力を誇《こ》示《じ》でき、反乱などの企てを起こしにくくさせるというメリットがあった。また捕囚の民は、農業や灌漑《かんがい》工事などに従事する貴重な労働力となった。

ユダ王国から捕囚された人々は、ニップールの近くのケバル川のほとりに住んでいたと考えられている。彼らは強制労働に従事しなければならなかったが、待遇はそれほど悪くはなかったようだ。

ネブカドネツァル2世は国ごとに居住区を与えるという方針で、自国の生活習慣や信仰も守ることができた。信仰の拠《よ》り所《どころ》であるエルサレムの神殿を失った彼らは、安息日や割礼《かつれい》の決まりなどを遵守《じゅんしゅ》し、律法にもとづく宗教的な行いをすることで、民族としてのアイデンティティを維持し、今日のユダヤ教の基礎を築いていった。

●イスラエル人からユダヤ人へ

これまでイスラエル人と呼ばれていた彼らは、捕囚後のB.C.536年以後からユダヤ人と呼ばれるようになる。現在のユダヤ人とはイスラエル12部族のうち**ユダ族**と**ベニヤミン族**の末裔《まつえい》ということになる。

イスラエルの残りの10部族については、B.C.721年の捕囚以後歴史からは消えているが、おそらく民族としては消滅してしまったと考えるのが妥当である。なおイスラエルには、失われた10部族の消息をさぐる組織があるという。実際、中近東やインドなどを中心に、イスラエルの10部族の末裔を自称する人々は多い。古代の日本にイスラエル人がやって来て日本人の祖となったという説（**日猶同祖論**《にちゆどうそろん》）もあるのだ。

捕囚の民のバビロンでの生活と宗教

住居	国ごとに居住区を与えられ、集団生活を送る。ニップールに近いケバル川のほとりが捕囚地か？
仕事	主として首都バビロンの灌漑工事や農耕などに従事。国家行政や事業にかかわり成功を収める者もいた
信仰&習慣	「神に見捨てられた」という絶望感が民を襲ったが、預言者たちの教えにより信仰を回復。エルサレムの神殿を失ったため、割礼や安息日、食べ物の規定を守るなど、宗教的実践行為が信仰のしるしとなった　ユダヤ教の基礎を築く

バビロンの中心を流れていたユーフラテス川

イシュタール門
イラク考古局の手により、半分のサイズで復元。イシュタール門は、バビロンの中央神殿に続く行列道路の北の端にあった門で、青いレンガに雄牛と竜の絵が飾られていた

エルサレムへ帰還した民
第二神殿の再建

［エズラ記1～6章］

イスラエルの民はペルシア王キュロスのはからいでエルサレムに帰還し、ソロモンの神殿を再建した。

●60年ぶりにエルサレムへ帰還

ネブカドネツァル2世の死後、新バビロニア帝国は急速に衰退し、これに代わって**キュロス王**の**ペルシア帝国**がメソポタミア周辺を支配するようになった。キュロス王は、捕囚の民に対して寛容な政策をとっており、彼らが国に帰って自分たちの宗教と習慣を守ることを奨励した。バビロンに捕囚されていた民に対しても、B.C.538年にエルサレムへの帰還が許された。

こうして彼らは祖国への帰還を果たしたわけだが、実は多くの者はバビロンに残留した。最初の捕囚からすでに60年がたっており、バビロンで生まれた者もいれば、事業や政治の分野で社会的地位を確立している者もいた。彼らはバビロンでの生活にすっかり慣れてしまっていたのである。

●神殿の再建と2人の指導者による改革

祖国に戻った民は、**ゼルバベル**と祭司**イエシュア**の指揮のもと神殿の再建にとりかかり、B.C.515年に完成させた。

最初の帰還から約1世紀たち、2人の指導者が民とともにエルサレムへ戻ってきた。B.C.397年（B.C.458年ともいわれる）に帰還した律法学者の**エズラ**は、神がモーセに与えた**律法（トーラ）**＊を民に読み聞かせ、異邦人との結婚を禁止するなど律法にもとづく宗教改革を行った。一方、ユダヤ州の総督に任命されて帰還した**ネヘミヤ**は、エルサレムに城壁を再建したり、貧しい者を救済したりするなど社会的な改革を行った。エズラとネヘミヤの改革は、ユダヤ人の共同体の結束を高め、ユダヤ教の教義をより明確にしていった。

なお、トーラを生活のなかに復興させたエズラは「ユダヤ教の父」と呼ばれ、ユダヤではモーセと並ぶ偉大な人物として尊敬されている。

＊もともとはモーセ五書を指したが、その後はヘブライ語の聖書全体とそれの解釈から得られる教えなどすべてを指すようになる。現在でもユダヤ教の基盤となっている

エルサレム帰還後の指導者たちとその功績

指導者	活躍した年代	帰還後に行ったこと
ユダヤ総督ゼルバベルと祭司イエシュア	B.C.520年頃	●預言者ハガイとゼカリヤの助言のもとB.C.515年に神殿を再建
ユダヤ総督ネヘミヤ	B.C.430年頃	●城壁の修復と社会改革 ●外国人との雑婚禁止、安息日遵守、献金の義務に関する法令の発布などを行った
宗教学者エズラ	B.C.390年頃またはB.C.430年頃	●宗教改革 ●律法を生活のなかに復興。また外国人を妻に持つ者に対しては離婚を強要した

第二神殿時代のエルサレムの街並（模型）
大きさや豪華さの点ではソロモンが建てた第一神殿に劣るが、信仰の中心としての重要性は、かつての神殿をはるかに上回り、第二神殿はユダヤ共同体の象徴となった

圧政に苦しむ民を勇気づけた
ダニエルの物語

［ダニエル書］

ライオンの洞窟から無傷で生還した物語などが収められたダニエル書は、アンティオコス４世の圧政下、ユダヤの民を激励するために書かれた。

●ライオンの洞窟から生還したダニエル

B.C.6世紀のバビロン捕囚時代、王宮で働く優秀な少年**ダニエル**は、歴代の王たちに寵愛され重臣として活躍していた。しかし、それが気に入らないほかの大臣たちは、ダニエルを陥れるために、時の王メディア人のダレイオスにこんな勅令《ちょくれい》を出させる。「向こう30日間、王を差し置いて他の人間や神に願い事をする者は、皆ライオンの洞窟に投げ込まれる。」

さて、イスラエルの神に忠実なダニエルは、勅令発布後もこれまで通り礼拝を行い、大臣たちにめざとく見つけられてしまう。王は、ダニエルを救える方法はないかと考えたが、掟《おきて》は掟である。メディアの法律では、たとえ王でも勅令や禁令はいっさい変更できない決まりになっていたのである。

とうとうダニエルは、ライオンの洞窟《どうくつ》に投げ込まれてしまった。その日眠れない夜を過ごした王は、夜明けとともに洞窟へ向かった。不安に満ちた声でダニエルを呼んだ王は、驚くべき声を耳にする。「神様が天使を送って獅《し》子《し》の口を閉ざしてくださいましたので、わたしは何の危害も受けませんでした」と、ダニエルの声がしたのである。洞窟から引き上げられたダニエルは、本当に無傷だった。この後、ダニエルを陥れようとした大臣たちは洞窟に投げ込まれ、あっという間にライオンにかみ砕かれてしまったという。

●民を勇気づけるために書かれた

この物語が収められている**ダニエル書**は、B.C.2世紀半ばに、シリアのアンティオコス4世（治世B.C.175～164）の宗教迫害に苦しむユダヤ人のために書かれたと考えられている。ライオンの洞窟に投げ込まれても生還する上記の物語のように「どんな状況でも自分たちの信仰を守り続ければ救われる」というメッセージが込められているのである。

ダニエル書はユダヤ人を励ますために書かれた

B.C.170年頃、セレウコス朝(シリア)のアンティオコス4世は、ユダヤ人を徹底的に迫害。安息日や割礼をはじめ、ユダヤ教の慣習や儀式はいっさい禁止される

迫害に苦しむユダヤ人のために「ダニエル書」が書かれる

ダニエル書とは?

●舞台…B.C.6世紀のバビロニア
●内容…1〜6章の前半はダニエルやその仲間たちが活躍する物語(下図参照)、7〜12章の後半は黙示文学となっている

ユダヤ人を励ました、ダニエル書のなかの2つの挿話

メディア人ダレイオス王の勅令を無視して、神への礼拝を行ったユダヤ人、ダニエルはライオンの洞窟に投げ込まれるが、無傷で生還(ダニエル書第6章より)

バビロニアの王ネブカドネツァル2世が命じた偶像礼拝を拒否したユダヤ人3人は燃え盛る炉の中に投げ込まれるが、無傷で生還(ダニエル書第3章より)

神を信頼し恐れなければ、
いかなる状況に陥っても神に守られる!

命がけで民を救ったヒロイン

エステルの物語

［エステル記］

ペルシア王の妃になったエステルがユダヤ人を根絶しようとする陰謀を勇気と機知で阻止する。

●プリム祭の起源になった話

ユダヤ教の**プリム祭**の起源である**エステル記**は、ユダヤ人に好まれる物語の1つである。ユダヤ暦の1年の最後の祭りであるプリム祭の日には、シナゴーグ*でエステル記が朗読される。また、ユダヤ人は子どもが13歳になると、エステル記の巻物をプレゼントする習慣もあるという。

さて、物語の舞台はバビロン捕囚後のペルシア王宮。物語の主役は、架空のヒロイン、エステルである。モルデカイの養女**エステル**は、クセルクセス王に見初《みそ》められ王妃となるが、自分がユダヤ人であることを隠していた。その頃王宮で王に次ぐ地位にあった高官ハマンは、自分に対し、ひざまづき敬礼することを人々に強要した。しかしモルデカイは、イスラエルの神にしかひざまづかないとこれを拒否し続ける。激怒したハマンは、モルデカイだけではなく彼の同胞であるユダヤ人全員の殺害を企てたのだった。

この話を聞いたエステルは、王妃の衣装を着て王のもとへ行く。しかし当時は、王妃といえども呼ばれない者が王の前に出ることは死罪に価し、王が金の笏《しゃく》を差し出した者に限り死を免れるという決まりだった。つまり、王の前へ行くのは命がけの行為だったのである。それでもエステルは王のもとへ行き、自分が開く酒宴にハマンと一緒に来てほしいと頼んだのだった。

そして、酒宴が開かれた。ぶどう酒を飲んで上機嫌の王は「望みがあるなら叶えてあげよう」とエステルに言ってきた。もちろんエステルはユダヤ人の命を助けてくれるよう嘆願。陰謀を暴露《ばくろ》されたハマンはモルデカイのために立てた絞首台に吊るされたのだった。現在に受け継がれているプリム祭は、ハマンがユダヤ人惨殺の日を**プル**（くじの意）で決めたことによるという。

＊ユダヤ教の礼拝が行われる場所。「集会」を意味するギリシア語に由来し、「会堂」とも呼ばれる

旧約聖書に由来するユダヤの祭り

名称と時期	内容
プリム祭 アダルの月（2〜3月）の14・15日	プリムの名は、ハマンがくじ（ヘブライ語でプル）でユダヤ人の虐殺日を決めたことに由来。 祭りの期間中シナゴーグではエステル記が朗読され、人々は祝宴や贈り物の交換などを楽しむ。 仮装行列や仮装パーティも行われる
過越祭（除酵祭） ニサンの月（3〜4月）の15日から8日間	出エジプト（86ページ参照）を記念するもので、出エジプトの経緯と祭式の内容を綴った書があり、各家庭では、それにもとづき問答・賛美歌・祈りなどを行う。 また、過越祭翌日からは、1週間にわたって酵母を入れないで焼いたパン（マツォットという）を食べて祝う。 ユダヤ教三大祭りの1つ
七週祭 シバンの月（5〜6月）の6日	元来は麦の収穫を感謝する祭りだったが、後にユダヤ教では、モーセがシナイ山で律法を授けられた記念日として祝うようになった。 過越祭から50日目にあたるためペンテコステの祭り、または五旬祭ともいう。 ユダヤ教三大祭りの1つ
仮庵祭 ティシュリの月（9〜10月）の15日から7日間	出エジプトの際、荒れ野で天幕生活を送った先祖をしのぶため、祭りの期間中は庭などに仮小屋を建てて、その中で祈りと食事をする。 ユダヤ教三大祭の1つ
宮潔めの祭り（光の祭り） キスレヴの月（11〜12月）の25日から8日間	B.C.167年のマカバイの反乱（134ページ参照）に由来。 シリアの暴君アンティオコス4世から神殿を奪回し、神殿の宮潔めをしたことを記念して行われる。 通常ユダヤ人が祈りや祭事に使用する燭台は7枝だが、故事にちなんで8枝の燭台を使用。 毎日1つずつロウソクを灯し、8日目には全部に火がつく

＊月はユダヤ暦。（　）内は太陽暦

旧約時代のエルサレムの変遷
列強に翻弄されるエルサレム

バビロニア、ギリシアなどの列強により蹂躙されたり、文化的に転換を迫られるなど、この時代のパレスチナは列強の思惑で激しく揺れ動いた。

●アッシリア、バビロニア、ペルシアの支配

イスラエル統一王国の分裂後、ユダ王国の首都**エルサレム**は、しばしば外敵の攻撃にさらされた。B.C.8世紀にはアッシリアの脅威《きょうい》が高まり、北のイスラエル王国は滅亡、ユダ王国はアッシリアの属国となる。

B.C.7世紀の終わりには、ユダ王国はアッシリアを打ち破った**新バビロニア**とエジプトの間で揺れ動いた。ユダの**ヨシヤ王**は、新バビロニアと手を組んだためにエジプト軍に殺され、以後ユダ王国はエジプトの支配下に入った。

ところがB.C.605年には新バビロニアがエジプトを破り、シリア・パレスチナ地方の支配を確立。B.C.586年には新バビロニア軍がエルサレムを陥落し、捕囚を行う。ユダヤ人を捕囚の身から解放したのは、B.C.538年に新バビロニアを征服した**ペルシアのキュロス王**である(128ページ参照)。

●ギリシア帝国の支配～ヘレニズム文化の影響～

ペルシア帝国は、B.C.331年に**マケドニア**(ギリシア)**のアレクサンドロス大王**に滅ぼされる。大帝国を築いた大王は、各地にギリシア風の都市を建設し、ギリシアの習慣や思想、言語を普及させた(**ヘレニズム文化の伝播《でんぱ》**)。

アレクサンドロス大王の死後、ギリシア帝国は4つに分割された。エルサレムは、最初エジプトの**プトレマイオス朝**に支配され、次いでシリアの**セレウコス朝**に支配された。

セレウコス朝のアンティオコス4世の宗教迫害(130ページ参照)は、ギリシア化政策の一環だった。エルサレムの神殿を奪われた民は反乱(**マカバイの反乱**)を起こし、神殿を奪還する。ユダヤ人は**ハスモン朝**を樹立し、B.C.142年頃には事実上の独立を果たすが、B.C.63年に**ローマ軍**に征服され、ユダヤの独立国家は幕を閉じる。

エルサレムの支配をめぐる動き

（年代はすべてB.C.）

年代	支配	出来事
	ユダ王国(926〜586)	926●イスラエル統一王国が南北に分裂
900年		924頃●エジプト人の攻撃を受ける
		850●ペリシテ人の攻撃を受ける
800年		721●イスラエル王国がアッシリア軍に滅ぼされる
		701●アッシリアの攻撃を受ける
700年		
600年	新バビロニア帝国（586〜539）	586●新バビロニアがエルサレムを陥落。バビロン捕囚
500年	ペルシア帝国（539〜331）	538●ペルシアが新バビロニアを征服。ユダヤ人、エルサレムに帰還
400年		
		331●マケドニアのアレクサンドロス大王がペルシアを征服し、エルサレムを支配（〜323）。大王の死後帝国分割。エルサレムの支配をめぐってエジプトとシリアが争う
300年	プトレマイオス朝エジプト（301〜198）	
200年	セレウコス朝シリア（198〜163）	167●マカバイの反乱
100年	ハスモン朝	
	ローマ帝国（63 〜）	63●ローマがエルサレムを征服

Column

ヨナの物語

聖書に登場する預言者たちは厳格で立派な人物ばかりだが、なかには、神に背《そむ》き逃げ出した者もいた。

預言者のヨナはニネベで預言せよと神に命じられたが、神の命令を無視し、船に乗って逃げ出した。これを見た神は海に大風を放った。海は大荒れとなりヨナが乗った船は沈没寸前に。神の怒りを悟ったヨナは「自分を海に放り込んでくれれば嵐は止む」と船員たちに伝える。船員たちがその通りにすると嵐はおさまった。

海に投げ込まれたヨナは巨大な魚に飲み込まれてしまうが、不思議なことに魚の中で生き延びる。反省したヨナは魚の腹の中で神に祈り続けた。すると魚は3日後にヨナを陸地に吐き出した。有名な『ピノキオ』は、このヨナの話がヒントになっている。

さて、心を入れ替えたヨナは今度こそニネベで預言を行った。「あと40日でニネベは滅びる」とヨナが町中に叫んで回ったかいあって、人々は心を入れ替えたという。結果、ニネベには災いが下されなかった。

この物語は、悔い改めさえすれば異民族をも救うという、普遍的《ふへんてき》な神を強調する物語である。

第6章

イエスの誕生

ここでは誰もがよく知っているイエスの誕生と、成人してからの布教活動、その教えの特徴などを中心に見てみよう。

ユダヤの自治を維持した暴君
ヘロデ大王の治世

幼い男子を皆殺しにするなど、残忍な暴君として知られているヘロデ大王だが、対ローマ政策では巧みな外交手腕を発揮した。

●暴君ヘロデの登場

ローマの支配下に入ったユダヤでは、B.C.37年、**ヘロデ大王**が新たな支配者として登場する。ヘロデはユダヤ人ではなく、イドマヤ(死海の西に位置する)の出身で、あのシーザーやオクタビアヌス*などローマの権力者に取り入ってその信任を得、ハスモン家(134ページ参照)を倒して王となった人物である。

異常なまでに猜疑心《さいぎしん》が強く、「ユダヤの王が生まれた」という知らせを聞くや、2歳以下の男子を皆殺しにする命令を出したり(144ページ参照)、反逆をおそれて王妃や自分の子どもたちを次々に殺害するなど、悪逆非道の限りを尽くし、ユダヤ人からは激しく憎悪される。

ただし、B.C.20年にはエルサレムの神殿の改築に着手したり、カイサリア港を開くなど、政治的手腕を発揮。また大国ローマから一定の自治を獲得したばかりか、後にサマリアの統治も任される。これらのことは、ヘロデの絶妙な外交バランスのたまものといえる。

●ヘロデは無類の建築好き

ヘロデがエルサレム神殿を増改修したり、カイサリアの港を開いたことは前述の通りだが、自身のためにも、エルサレムに壮大な宮殿を建設(これは後にローマ総督の住まいとなりイエスが裁かれた)したり、断崖絶壁の頂に壮麗な離宮を持つ**マサダの砦**や離宮ヘロディオンを建設するなど、多くの建築物を手掛けた。

ちなみにマサダの砦は、後にローマ支配に対するユダヤの抵抗の象徴として歴史的にも脚光を浴びることになる。

＊シーザーの養子だった人物で、B.C.27年ローマの初代皇帝になった

ヘロデ大王関連年表

年代	事項
B.C.63年	●ローマのポンペイウスによるユダヤ支配開始
B.C.37年	●ヘロデがユダヤの王に就任 この頃マサダの砦の大改修やヘロディオンの建設を手掛ける?
B.C.22年	●カイサリア港の建設工事着手
B.C.20年	●ヘロデ王、エルサレムの神殿の改修、増築に着手
B.C.6～7年	●イエスの誕生 ●ヘロデ王、幼児虐殺の命令を出す
B.C.4年	●ヘロデ王死す。領土を3つに分け、3人の息子が支配する ●ヘロデ・アンティパス→ガリラヤ、ペレア領主に ●フィリポ→ガリラヤ東方の領主に ●アルケラオ→イドマヤ、サマリヤ、ユダヤ領主になるが、暴君だったためA.D.6年に廃位され、ローマ直轄領に

マサダの砦
無類の建築好きであったヘロデは、自らの安全のために断崖絶壁の上に壮大な砦をつくった。第1次ユダヤ戦争の折りにはローマに抵抗するユダヤ人がたてこもり悲劇的な最期を遂げた

ユダヤ教は４つのグループに分かれていた

エルサレムの宗教事情

イエスの頃、ユダヤ教はサドカイ派とファリサイ派を中心とした４つに分かれており、神殿もまた商いの場と化すなど腐敗していた。

●ユダヤ教の４つの分派

イエスの時代、ユダヤ教は、大きくサドカイ派とファリサイ派、そしてエッセネ派と熱心党と呼ばれるグループに分かれていた。

①**サドカイ派**……ダビデの時代から伝統的にエルサレムの神殿の祭司を勤める家柄の子孫で、大祭司の家系や地主、有力貴族の出身者で占められていた。トーラのみを忠実に守るべきであると主張するが形骸化《けいがいか》し、70年にエルサレムの神殿が破壊*されるとその権力を失う。

②**ファリサイ派**……トーラを日常生活に適合できるように解釈していた集団で、サドカイ派に比べより厳格に守るべきと考えていた一派。ラビと呼ばれる祭司が地方の会堂でユダヤ教を指導、実質的に中心的な勢力に成長していた。後にイエスと大きく対立するようになる。

③**エッセネ派**……俗世間を離れて荒れ野に住みつき禁欲的な生活を送った一派。死海文書(60ページ参照)はこの集団と関係があるとされている。また、イエスに洗礼を授けたバプテスマのヨハネもエッセネ派の一員といわれている。

④**熱心党**……ローマ帝国からの独立を熱心に望む集団で、66年には支配者ローマ帝国に対する抵抗運動(第１次ユダヤ戦争)を指導するも、最終的には制圧され自滅する。

それぞれのグループの間では意見の対立を見ることもあったが、安息日の決まり(労働してはならないとする日。39もの行為が禁止されていた)と割礼《かつれい》の2つはユダヤ人であるというアイデンティティを保つためにも、厳格に守られた。

＊66年にローマに対してユダヤが反乱を起こしたが、70年にローマ軍がエルサレムを包囲し鎮圧する。エルサレムの神殿もこのとき破壊された

イエス時代のユダヤ教

サドカイ派	伝統的な律法(トーラ)の遵守を重んじる一派。代々エルサレムの祭司を勤める家系や貴族、地主などの富裕層で構成されていた。トーラのみ
ファリサイ派	律法を日常生活に合わせて解釈し律法をより厳格に守る一派。イエスとしばしば対立し、やがて激しい憎悪を抱くようになる
エッセネ派	俗世間との接触をさけ、荒野で活動した一派。後にクムランの洞窟で発見された死海文書は、エッセネ派によるとされている
熱心党	ローマからの独立を画策する過激派。第1次ユダヤ戦争の折りマサダ砦で自滅する

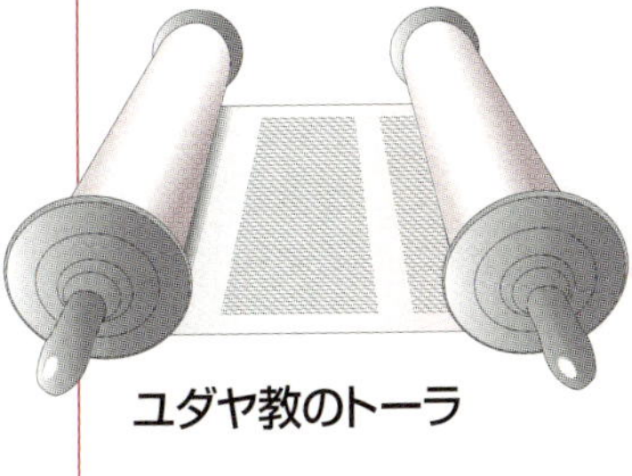

ユダヤ教のトーラ

ローマに反旗を翻した熱心党が立てこもったマサダ砦

老ザカリア、洗礼者ヨハネを授かる

ザカリアの物語

［ルカによる福音書1章］

老いたアブラハムに子が授かったのと同様、ザカリアにも子が授かる。運命の子、ヨハネの誕生である。

●ガブリエルのお告げ

年老いた**ザカリア**は、エルサレムの神殿の祭司として忠実に勤めを果していた。そのときも彼はいつものように神殿の勤めに出掛けると、神聖な香を捧げる役が彼にくじびきでわりふられる。名誉あるこの役目はザカリアにとってはじめての大役だった。

粛々《しゅくしゅく》と勤めを果たすザカリア…。そのとき突然空気が裂け、炎が部屋に飛び込んでくる。驚きで声も出ないザカリアの耳に「妻エリザベトに子が授かる。その子をヨハネと名付けよ」という、天使ガブリエルの声が聞こえてきた。ザカリアが信じられないと告げると、天使は「わたしのいうことを疑うのであれば、子が授かるまで耳も聞こえない、口もきけなくなる」と言って去った。勤めに手間取るザカリアをいぶかしく思っていた周囲の人は、ザカリアが幻を見たことを知る。

●そしてヨハネが生まれた

勤めから家に戻ったザカリアの様子はいつもとまったく違っていた。彼はガブリエルの言葉通り一言も話をしなくなったのだ。それにもまして老いた妻**エリザベト**の腹も日に日にふくらんでいくという奇跡が起こる。やがて臨月を迎え、エリザベトは無事男の子を出産。この男の子こそ、イエスに洗礼を授ける運命を担ったヨハネである。そしてザカリアがその子をヨハネと名付けたとき、ザカリアにかけられていた呪縛《じゅばく》も解かれ、しゃべることができるようになった。成長した**ヨハネ**は父親の祭司の仕事を継がず、荒野へ修行に出る道を選ぶ。

ところでこの一家は、イエスと縁続きでもある。出産を控えたエリザベトをマリアが訪問することも聖書には書かれている。

ザカリアの物語

2つの聖家族はつながっている

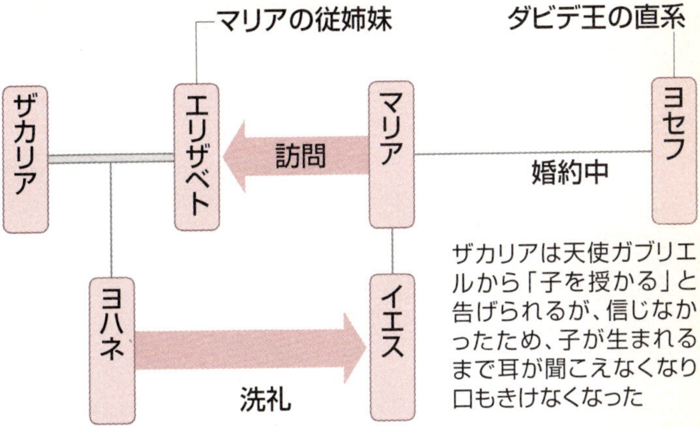

ザカリアは天使ガブリエルから「子を授かる」と告げられるが、信じなかったため、子が生まれるまで耳が聞こえなくなり口もきけなくなった

老ザカリアとその妻、エリザベトの間に子が授かる物語は、旧約聖書のアブラハムの物語を彷彿させる

イエスをみごもったときマリアは従姉妹のエリザベトを訪ねる（聖母の訪問）。このときエリザベトの腹のなかの子が踊り、エリザベトも聖霊に満たされた。エリザベトはマリアを祝福する（映画『Jesus』より）

家畜小屋で生まれた神の嬰児

イエスの誕生

［マタイによる福音書1～2章、ルカによる福音書1章］

星降る夜、ベツレヘムの家畜小屋で1人の男の子が産声を上げた。約束された神の子イエスの誕生である。

●処女懐胎

大工**ヨセフ**と**マリア**が婚約中、マリアに聖霊がくだり神の子を懐妊する。戸惑うマリアは親戚関係にあったエリザベトを訪ねた。ところが意外なことに老いたエリザベトもまたヨハネを身ごもっていたのだ。エリザベトに励まされ、静かに自分の運命を受け入れるマリア。一方ヨセフもまた婚約者の懐妊を知って驚くが、天使ガブリエルのお告げを受け、マリアを妻として迎えることになる。

折しもローマが「すべての民は出身地で登録すべし」というおふれを出したため、マリアもヨセフとともに**ベツレヘム**へと住民登録のために旅立つ。ベツレヘムこそヨセフの先祖、ダビデ王の出身地だったからだ。

ベツレヘムに入る頃マリアが産気づき、ヨセフが見つけた小さな家畜小屋*で男の子を出産する。聖書には羊飼いと**3人の東方の賢者**が祝福にかけつけ、幼子を囲む平和で安らかなシーンが描かれている。

●ヘロデ大王の恐ろしいたくらみ

東方の3人の博士は先に**ヘロデ大王**のもとを訪れ、「ユダヤの王が生まれた」と告げた。ユダヤの王、メシアはダビデの血筋であるべきと信じられていたためユダヤ人でないヘロデ王にとっては、自分の地位を脅かすやっかいな事件の勃発《ぼっぱつ》だった。帰路もまた立ち寄るようにとヘロデが勧めたが、3人の博士は夢のお告げにより、ヘロデを再び訪れることなく帰途についた。手掛かりを絶たれたヘロデは、「ベツレヘムとその周辺の2歳以下の男子を皆殺しにせよ」という恐ろしい命令を出す。ヨセフとマリア、幼子イエスは天使に導かれ、エジプトに脱出して難を逃れた。

＊イエスの降誕地は、実際には家畜小屋でなく洞窟であったとされている

祝福を受ける幼子

マリアに抱かれ、東方からやって来た3人の学者の祝福を受けるイエス

ベツレヘム降誕教会

ベツレヘムはヨセフの祖先、ダビデ王の出身地でもある。右の写真はイエスが誕生したとされている場所

ベツレヘム降誕教会内部

イエスは早熟な子どもだった?

子ども時代のイエス

［ルカによる福音書2章］

少年時代のイエスについての記述はほとんどない。12歳のときの神殿でのエピソードがわずかにあるのみである。

●聡明な少年時代

ヘロデ大王の死後エジプトから戻ったヨセフ一家は、故郷**ナザレ**で穏やかな日常の生活を送る。ヨセフは腕のいい大工で、イエスにはヤコブ(イエスの死後エルサレムの教会で指導的立場に立った)、ヨセフ、シモン、ユダという兄弟*や2人の姉妹もできた。

イエスは健康で父の仕事の手伝いもよくし、ものごとの呑み込みが早かったようだ。彼は父親からアラム語やヘブライ語の読み書きを教わり、会堂では祭司からユダヤ教の預言書や律法などを学んだ。

イエスが12歳になったときのこと、ヨセフとマリアは過越祭《すぎこしさい》の犠牲を神に捧げるため、イエスをともないエルサレムの神殿に出掛けた。

各地から祭りのため大勢の人々が集まり、エルサレムは大変な人込みで、マリアはイエスの姿をいつしか見失ってしまう。

マリアがようやくイエスを見つけたとき、少年は神殿でラビを相手に熱心に議論を戦わせているではないか。幼いときからナザレの会堂でラビから預言書や律法を学んでいたイエスには、このときすでに大人たちが舌を巻くほど十分な理解力が備わっていたのだ。

勝手な振る舞いをした息子をたしなめるマリアに、少年は「自分が父の家にいることがどうしてわからなかったのですか」といい、母親をひどく戸惑わせる。神殿を“父の家”といい、自らを“神の子”と宣言したというエピソードが**ルカによる福音書**に紹介されている。

イエスは30歳過ぎまでは父親の大工の仕事を手伝い、故郷ナザレで過ごしたと考えられている。

＊聖書では兄弟とあるが、実際の兄弟であったかどうかは後世論議を呼び結論が出ていない

イエスが少年時代を過ごしたナザレ

ナザレ聖告知教会
天使ガブリエルがマリアにイエスのみごもりを預告したことを記念する教会。マリアが受胎告知を受けた場所が残されている

少年時代のイエス

ヨセフ、マリアとともにエルサレムに行ったイエスは親と離れ、神殿の一角で大人顔負けの議論をしていた。数少ないイエスの少年時代のエピソードとして、聖書に記載されている
（映画『Jesus 』より）

イエスの前に道をつける使命を担った男
バプテスマのヨハネの登場

［マタイによる福音書3章、マルコによる福音書1章、ルカによる福音書3章、ヨハネによる福音書1章］

イエスの出現を預言しつつ、その活動の道をつける役割を果たしたのがバプテスマのヨハネだ。

●洗礼を授ける者

ヨハネはヨルダン川の岸辺で「悔い改め洗礼を受ければ罪が許される」と熱心に人々に説き、洗礼を授けていた。

バプテスマとは、**洗礼**という意味だ。人々はヨハネにメシアを重ねようとするが、ヨハネ自身は「自分よりもすぐれた者が出現する」とイエスの出現を預言していた。

やがてヨハネのもとにイエスが訪れる。気後れしてか躊躇《ちゅうちょ》するヨハネに、イエスは「洗礼を授けよ」と命じた。そしてヨハネがイエスに洗礼を授けたとき、天が裂けて空から鳩の形をした聖霊が降り、「わたしの愛する子」と神が祝福したという話が聖書にある。後にイエスは砂漠でのサタンの試練にも耐えて、自らの布教活動に入る。

●ヨハネとサロメ

ヘロデ大王の後継者、**ヘロデ・アンティパス**は弟の妻ヘロディアと結婚する。そのことに対し、人の道をはずれていると激しく糾弾《きゅうだん》したヨハネは、2人の怒りを買って逮捕され、城砦《じょうさい》に幽閉されてしまう。

ヘロデは自分の誕生祝いの席で、見事な踊りを見せたヘロディアの娘**サロメ**に「褒美《ほうび》に何でも望みの物をやろう」と約束する。このときヘロディアはサロメをそそのかしてヨハネの首を所望させたため、ヨハネは斬首され、その首は皿に盛られて祝宴の席に差し出される。

このストーリーは聖書では珍しい耽美的《たんびてき》なもので、後世**オスカー・ワイルド**＊の戯曲『**サロメ**』のモデルともなったほか、絵画などでも画家たちに多く描かれている。

＊ 19世紀のイギリスの作家・戯曲家。『ドリアン・グレイの肖像』など多くの作品を残す

洗礼を授けるヨハネ

ヨハネがイエスに洗礼を授けた場所

ヨルダン川で洗礼をしていたヨハネの前に、イエスが姿を現し「洗礼を授けよ」と告げる。ヨハネがイエスに洗礼を授けると聖霊が降り、神の祝福があった
（映画『Jesus』より）

頑固で無骨な愛すべき男との出会い

イエスとペトロ

［マタイによる福音書4章、マルコによる福音書1章、ルカによる福音書5章、ヨハネによる福音書1章］

故郷ナザレを離れて布教活動を始めたイエスは、行く先々で自分の弟子となる者を選び出していく。なかでもイエスはペトロを信頼する。

●ガリラヤ湖での出会い

イエスは故郷の会堂で人々に説教をするようになったが、大工の息子だったことを知っている人々は、彼のメシアとしての振る舞いをにわかに受け入れることができず、崖の淵までイエスを連れていき彼を突き落とそうとした。「故郷ではなかなか受け入れてもらえないものだ」、そう思ったイエスは静かに故郷を離れた。

イエスが**ガリラヤ湖**近くのカペナウムで布教活動をしていたとき、湖畔で**シモン**、**アンデレ**、**ヤコブ**、**ヨハネ**の4人の漁師に出会う。シモンとアンデレ、ヤコブとヨハネは兄弟だった。

このとき彼ら漁師たちが1匹も魚をとれなかったのに、イエスは船からあふれそうなほど大量の魚をとらせるという奇跡を見せる。4人の漁師にはイエスがただ者ではないとすぐにわかった。「わたしについてきなさい。そうすれば人間をとる漁師にしてあげよう」とイエスが告げたので、4人はすべてをなげうってイエスに従う決意をした。

イエスには152ページで述べるように12人の弟子がいるが、なかでももっともイエスに信頼された弟子がシモンだった。イエスは彼の岩のような風貌と頑固さから、親しみを込めて**ペトロ**（ギリシア語で岩の意）と名付けた（本書でも以降はペトロと呼ぶ）。後にイエスは自らの運命を悟り、ペトロに天国の鍵を預ける（後事を託した）。

ペトロはイエスが捕らわれたとき三度彼を裏切るが、イエスの死後は彼の信頼に応え、見事にキリスト教団の基礎を築く重要な役割を果たしたのである（190ページ参照）。ヴァチカンにあるカトリックの総本山**サン・ピエトロ寺院**は、ローマで殉教したといわれるペトロの墓の上に建っている。

ペトロの召命

イエスとペトロの像
ペトロ（本名シモン）は、イエスより天国の鍵を預かる。イエスが逮捕されたとき、3度イエスを裏切るが、後に初期キリスト教団の確立に力を尽くした
（ガリラヤ湖畔のペトロ召命教会）

ガリラヤ湖
豊かな水をたたえるこの湖のほとりでイエスはペトロと出会う。また、しばしばこの湖で弟子たちに奇跡を見せた

最終的にイエスは12人の男を選抜した
イエスに選ばれた12人の弟子

［マタイによる福音書10章、マルコによる福音書3章、ルカによる福音書6章］

イエスはペトロ、アンデレ、ヤコブ、ヨハネ以外にそれぞれ個性豊かな12人の弟子を従えた。

●12使徒の誕生

イエス自身の布教活動はわずか3年ほどだったが、みずからの運命を予見してか、その間に多くの種をまき育てる。まず**ペトロ**、**アンデレ**、**ヤコブ**、**ヨハネ**の4人を弟子に迎えたイエスは、**フィリポ**、その友人の**ナタナエル（バルトロマイ）**、**マタイ**、**イスカリオテのユダ**、**アルファイの子のヤコブ**、**熱心党***の**シモン**、**トマス**、**タダイ**の12人を選び出した。しかも、新しい“神の国”を担うこれらの弟子には、あえて無学な漁師や当時人々から蔑《さげす》まれていた税の取立人などを選んでいる。イエスがどのような基準で弟子を選んだのかは聖書に書かれていないのでわからないが、ユダヤ教とは違うものを目指したいという彼の意図のあらわれと思える。

イエスに選ばれた12人の弟子を**12使徒**という。ちなみに“12”という数字は旧約聖書に登場する12部族（100ページ参照）を表し、イエスにすべてのユダヤの民を救うという意図があったともいわれている。

またこの“12”は初期のキリスト教で非常に意味のある数字だったことは間違いなく、イスカリオテのユダが、銀貨30枚でイエスを裏切った後自殺し、欠員が出たために**マッテヤ**が補充されている。

彼らはイエスに忠誠を誓い、常に師と行動をともにして、さまざまなことを学び取るが、ときには師の言動に疑念を抱いたり、師を裏切り見捨てるなど人間的なもろさも露呈する。

ただし、イエスが十字架にかかって復活する奇跡を目のあたりにしてからは、人を癒す力や悪霊を払う力、強い信仰心を身に付け、初期のキリスト教会の確立に力を尽くした。

＊ローマ帝国の支配からユダヤの独立を目指していた政治結社。ゼロテ党ともいう

イエスの12人の弟子たち

名前	特徴
ペトロ（シモン）	漁師出身のイエスの第一弟子で本名はシモン。ペトロはイエスが付けたニックネーム。イエスから天国の鍵を預かる
アンデレ	漁師でペトロの弟。バプテスマのヨハネからイエスの話を聞き弟子になった。後年殉教したという伝説がある
ゼベダイの子ヤコブ	もう1人のヤコブと区別するため大ヤコブと呼ばれる。イエスからは雷の子とあだなされた。ヘロデ・アグリッパによって処刑される
ヨハネ	イエスに愛され、母マリアの世話を託される
トマス	ディドモ、双子のトマスとも呼ばれる。イエスの復活を信じなかったため、イエスに叱られる
シモン	熱心党の党員、正義感が強い
マタイ	当時ローマの手先として嫌われていた徴税人出身。レビともいわれる
アルファイの子ヤコブ	アルファイとその妻マリアの子で、もう1人のヤコブと区別するため小ヤコブ、またはクロパともいう
イスカリオテのユダ	銀貨30枚でイエスを裏切った後、自殺する
ナタナエル（バルトロマイ）	アルメニアで迫害にあい、生皮を剥がされ殉教した
タダイ	ヤコブの子ユダ、またはある写本ではレバイとも書かれている
フィリポ	ピリポともいう。ナタナエルをイエスのもとに連れてきた

差別され、蔑まれていた者をも救う

サマリアの女と姦通した女

［ヨハネによる福音書4・8章］

イエスは差別されてきたサマリア人や、重い皮膚病の者などに対しても救いの手を差し延べている。よく知られたエピソードを紹介しよう。

●サマリア人

北イスラエル王国がアッシリアに滅ぼされたとき、アッシリアは北イスラエルの民と他の民族との混血政策を進めた。この混血が**サマリア人**と呼ばれている人々である。イエスが生きていた当時、サマリア人は血を汚した卑しむべき存在として蔑《さげす》まれていた。イエスは、サマリアの地にもしばしば立ち寄ったようだ。

あるとき、喉《のど》が渇いたイエスは、サマリア人の女に水を所望した。当時ユダヤ人がサマリア人に話しかけるのはタブーだったため、女は驚き「なぜサマリア人である自分に言うのか」と聞くと、イエスはその質問には直接答えず次のように言った。「自分が誰かを知っていたらあなたから声をかけたことだろう。そしてわたしはあなたに水を与えただろう」「わたしが与える水は渇くことはない」。神は決して差別しないことを女に伝えたのだった。

またイエスは、初対面にもかかわらず女がこれまで5人の男と結婚し、今は6人目の男と同棲していることまで言い当てたので、女をはじめ多くのサマリア人がイエスを信じた。

●姦通した女

あるとき群衆の前に**姦通した女**が引き出されてきた。姦通はユダヤ教の律法では極刑に価する。引き出してきた男が、「石で打ち殺せと律法にあるがどうすればよいか」とイエスに聞いた。イエスは「罪を犯したことのない者がこの人に石を投げよ」という。すると群衆は1人去り、2人去りしてついに誰も石を投げようとする者がいなくなった。これらのエピソードは、イエスの教えが差別されている者、貧しい者、蔑まれている者など、弱者に対して開かれていることを示す話としてもよく引き合いに出される。

蔑まれていた人々

蔑まれていた人々	理由	イエスがとった態度
サマリア人	サマリア人はイスラエルの民の血を汚した者である	蔑まれていたサマリアの女に声をかけ福音を伝えた
アッシリアは北イスラエル王国の旧イスラエルの民に対して自民族との混血を進め、その結果生まれた子孫がサマリア人である		
姦淫した者	姦通は律法のなかでもっとも忌むべきものとされており、厳罰に処せられた。不倫をした当人を石で打ち殺すことなどが認められていた	罪を犯したことのない者が、まず石を投げよ
徴税人	ユダヤ人を支配し、重税で苦しめる憎むべきローマの手先であり、私腹を肥やす卑しむべき者、罪人と同列に考えられていた	徴税人、ザアカイの家にイエスが泊まり、客となった

映画 Jesus

新約聖書のルカによる福音書の記述にもとづき、2,000年前の世界を忠実に再現した作品。史実や聖書的な正確性を期すため、200人を超える聖書学者が動員され、5年の歳月をかけて制作された。エキストラにもイスラエル人を起用するなど細部にわたりていねいに描かれている。イエスの生涯とその時代を知る好テキスト。
VHS1980円　DVD2500円　発売中
アール・オー・エス企画(☎042-903-3003)

イエスが人々に投げかけたテスト

イエスのたとえ話

イエスは貧しく教養のない人々にも説教がよく理解できるように、しばしばたとえを用いた。有名なたとえ話をいくつか紹介しよう。

●たとえ話の効果

イエスの布教活動の大きな特徴として、教育を受けていない人や子どもであってもその内容が十分に理解できるよう、話をするときに**たとえ話**を多く用いたことと、さまざまな奇跡を行い、うわさが広まったことの2つがあげられる。実際、イエスは説教のなかでじつに多くのたとえ話を用いている。その数は福音書に書かれているだけで50ほどあり、それぞれに含蓄のある物語といえる。人々は子どもが物語を聞き入るように彼の話に熱心に耳を傾け、より反省を促されたのだった。

ところでイエス自身は聞き手がどう考えるか、どう受け取るかは自由としていたようだ。そのうえで真の理解者が“神の国”に近づくということを人々に訴えた。つまり今流にいうテストである。

弟子たちのなかにはその意味がわからないという“落ちこぼれ”が出現。イエスにその意味を聞いているところがある。イエスは「これがわからないようで、どうしてほかのことが理解できよう」と落胆するが、そこは後継者へのサービスとして、もう一度くわしく解説もしている。聖書にはこうしたやりとりも書かれていて興味深い。

これらの話は、婉曲《えんきょく》な表現をしているものの、ときには権力者やユダヤ教の指導者に対する痛烈な批判、挑発ともなった。

イエスが語ったたとえ話のうち、よく知られたものとして、**種まく人**、**放蕩息子**《ほうとうむすこ》、**善いサマリア人**、**ぶどう園の小作農夫**、**愚かな金持ち**などがある。右ページにはそのなかからさらにピックアップしてあらすじを紹介しているが、興味のある人はぜひ聖書をひもとき、イエスがどのような状況で語ったかも含めて味わってみよう。

イエスが行ったたとえ話

善きサマリア人のたとえ
（ルカ10）

追剥《おいはぎ》に襲われて傷を負った旅人が道に倒れていた。通りかかった祭司はわざと道の反対側を歩いた。次にやはり神に仕えるレビ人が通ったが通り過ぎた。最後にサマリア人が通った。彼は傷の手当てをして旅人をろばに乗せ、宿屋に連れて行って世話をした

本当の隣人は？

種をまく人のたとえ
（マタイ13、マルコ4、ルカ8）

種をまいたとき、そのいくつかは踏み固められた道に落ちてしまい鳥に食べられてしまった。いくつかは柔らかい土の上に落ちたが、土が浅くてすぐに根を張ることができず枯れてしまった。茨のなかに落ちた種は上を茨でふさがれてしまった。肥えた土に落ちた種は豊かに実った

まかれる種は自分自身の信仰を示している。あてはまるのはどれか？

放蕩息子のたとえ
（ルカ15）

放蕩息子は父親の財産の取り分を要求してそれをもらい使い果たして帰ってくる。ところが父親はその息子を喜んで迎え、いい服を着せて履物も与え、祝宴を開いた。長男が不公平だと非難したが父親はその息子を許した

イエスが蔑視されていた人と交流することに腹を立てた人に語った話。父親は神、そのほかの登場人物は誰を指しているのか？

そのほかにもたくさんのたとえ話がある。それぞれイエスが投げかけた問題を解いてみてはいかがだろう？

1つ1つが心にしみる珠玉の名言

山上の説教

［マタイによる福音書5～7章］

イエスが大群衆を前にして行った有名な説教。あたかも一編の詩を思わせる美しい文章を味わってみよう。

●イエスの思いを凝縮

イエスは布教活動の一環として、病気の人を治療したり、悪霊を追い払うなどの数々の奇跡を起こしたため評判を呼び、彼を慕って多くの者が集まってきた。イエスはこれらの人々を見てガリラヤ湖を望む丘に登り、弟子たちや集まった群衆に向かって自身の教えのエッセンスともいえる説教を行った。アウグスティヌス*が**山上の説教**と名付けたもので、それぞれに珠玉の名言である。いくつか代表的なものを紹介しよう。

◆心の貧しい人々は、幸いである、天の国はその人たちのものである。悲しむ人々は、幸いである。その人たちは慰められる。(中略) 義のために迫害される人々は、幸いである、天の国はその人たちのものである。わたしのためにののしられ、迫害され、身に覚えのないことであらゆる悪口《あっこう》を浴びせられるとき、あなたがたは幸いである。(中略) あなたがたより前の預言者たちも、同じように迫害されたのである。(マタイ5-3～4・10～11・12)

◆求めなさい。そうすれば、与えられる。探しなさい。そうすれば、見つかる。門をたたきなさい。そうすれば、開かれる。(マタイ7-7)

◆狭い門から入りなさい。滅びに通じる門は広く、その道も広々として、そこから入る者が多い。(マタイ7-13)

◆空の鳥をよく見なさい。(中略) 野の花がどのように育つのか、注意して見なさい。(中略) その日の苦労は、その日だけで十分である。(マタイ6-26・28・34)

など有名な言葉を多く残した。イエスはこの山上の説教の後、弟子たちのなかから自分の教えを伝える使命を担う**12使徒**を選んだのだった。

＊354年～430年。アルジェリアに生まれ母親モニカからキリスト教的教育を受け、聖書解釈に関する研究を多く残す

山上の説教

本文で紹介した以外にもよく知られたものをマタイ福音書からダイジェストで紹介しよう

地の塩	あなたがたは地の塩である。だが、塩に塩気がなくなれば、その塩は何によって塩味が付けられよう。もはや、何の役にも立たず、外に投げ捨てられ、人々に踏みつけられるだけである。（マタイ5–13）
天に富を積む	あなたがたは地上に富を積んではならない。そこでは、虫が食ったり、さび付いたりするし、また、盗人が忍び込んで盗み出したりする。富は、天に積みなさい。（マタイ6–19～20）
左の頬も	だれかがあなたの右の頬を打つなら、左の頬をも向けなさい。（マタイ5–39）
敵を愛せ	敵を愛し、自分を迫害する者のために祈りなさい。（マタイ5–44）
人を裁くな	人を裁くな。あなたがたも裁かれないようにするためである。（マタイ7–1）

山上の垂訓教会
カファルナウムの南西2kmに位置する祝福の丘に建つ。丸いドーム型の屋根と8つの「幸いなるかな」を取り入れた八角形のデザインが特徴。建物は新しく、1930年代のもの

イエスの言葉に自然も従った
イエスの奇跡①～カナの婚礼～

イエスはじつに多くの奇跡を見せている。水をぶどう酒に変える、大量の食物を与えるなどのほかに自然に関わる奇跡も多い。

●食べ物を与える

あるとき、イエスは**カナの町の婚礼**に母マリアや弟子たちとともに招かれた。マリアが「ぶどう酒がなくなったらしい」とイエスに告げると、彼はしもべたちに命じてかめに水をいっぱい張らせ、客に出すようにと言った。客は「最上のぶどう酒」と終始上機嫌だったが、その奇跡を知っていたのはマリアとしもべたちだけだった。イエスが示すはじめての奇跡だった。

またイエスにたくさんの群衆がつき従って来たときのことだ。夕食の時間が近づいてきたが、あまりに数が多過ぎる。「解散しては？」と提案する弟子に対し、イエスは1人の少年が持っていた2匹の魚とパン5つを手に取って、天を仰いで祈りを唱え、弟子たちに5,000人の群衆に分けるように告げた。5,000人すべてが満腹になっただけでなく、残ったパンのくずで12のかごがいっぱいになった。

●嵐を鎮める

イエスとその弟子たちがガリラヤ湖に船を出したとき、湖の真ん中で大変な嵐に見舞われ、弟子たちがイエスに助けを求めた。イエスが「嵐よ鎮まれ！」と一喝するや湖は何事もなかったように鎮まってしまう。

また弟子だけで船を出したときにも嵐が襲ったが、イエスが湖を歩いて船まで近づき船に乗り移るや、うそのようにやんでしまう。このときペトロもイエスをまねて水上を歩くが疑念を抱いたために水中に落ち、イエスに「なぜ疑うのか」と叱られる。イエスには自然を支配する力さえ備わっていることが弟子たちの前で証明されたのだった。

これらのエピソードは旧約聖書のモーセが行った奇跡を彷彿《ほうふつ》させるものがあり興味深い。

イエスが行ったおもな奇跡

カナの婚礼
（ヨハネ2）

マリアや弟子たちとカナの町の婚礼に呼ばれたイエスは、ぶどう酒がなくなったとき、かめいっぱいに水を張らせ、その水をぶどう酒に変えた。イエスが見せた最初の奇跡

パンと魚のモザイク画。魚は後にキリスト教のシンボルになる

5,000人分の給食
（マタイ14、マルコ6、ルカ9、ヨハネ6）

イエスは5,000人も集まった群衆にわずかにあったパンと魚を分け与え、すべての人のおなかを満たした。聖書にはこのほか、4,000人分の給食の奇跡も紹介されている（マタイ15、マルコ8）

パンと魚の奇跡の教会

嵐を鎮める
（マタイ8、マルコ4、ルカ8）

弟子たちと船に乗っているときに嵐が襲ったが、イエスが「嵐よ鎮まれ」と一喝すると湖はうそのように静かになった

水の上を歩く
（マタイ14、マルコ6、ヨハネ6）

イエスは嵐に見舞われた弟子を救うため、湖を歩いて船に近づいた。弟子たちは幽霊だと思っておそれたが、イエスが船に乗ると嵐が鎮まった。ペトロも水上を歩いたが疑念を抱いたため水中に落ちる

イエスは人を癒し死の淵からも復活させた

イエスの奇跡②～死者、ラザロの復活～

イエスはまた病む者を癒したり、悪霊に取りつかれた者を治す、死者を蘇らせるという奇跡も多く行った。

●次々に病気の者を癒す

イエスは病人を癒《いや》すという行為も数多く行っている。

たとえば彼は当時人々からおそれられていた重い皮膚病の患者に触れてその病を治癒したり、足がなえた人を治す、てんかんを治す、視覚障害者の視力を回復させるなどの治療を次々に行った。また、悪霊に取りつかれた人から悪霊祓《あくりょうばら》いもし、正気に戻すなどの離れ業《わざ》を見せた。もちろん病気とはいえないが、心がすさんだ人、物質的には恵まれながら心が満たされていない人にも生きる気力を与えたのだった(徴税人**ザアカイ**の話など)。聖書には非常に多くの奇跡の話が収められている。

イエスに治癒力があるといううわさはまたたく間に広まり、多くの群衆がイエスこそメシアであると慕いつき従うことになった。

●死者をも蘇《よみがえ》らせる

聖書には、死者の蘇生がいくつか描かれているが、何人もの死者を蘇らせたのはイエスだけだ。イエスには**ヤイロの娘**と**ラザロ**を蘇らせたという2つの記述がある。ラザロの蘇生を紹介しよう。

ラザロは**ベタニアのマリア**、**マルタ**の兄弟でイエスの友人だった。ベタニアからイエスのもとに使者が走り「ラザロが危ない」と告げる。イエスがベタニアを訪ねたときにはすでにラザロは墓に葬られていたのだが、彼が墓の前に行って「ラザロ出てきなさい！」と叫ぶと、死んだはずのラザロが生き返って人々の前に姿を現すではないか。

イエスには神と同様命を支配する力がある、そのことを目のあたりにした人々の驚きはいかばかりのものだったろう。イエスの名声はますます高まる結果になった。

イエスが行ったおもな奇跡

病気の治療	重い皮膚病の患者に触れて治す	マタイ8、マルコ1、ルカ5
	ローマの百人隊長の中風の家来を治す	マタイ8、ルカ7、ヨハネ4
	熱を出して寝ているペトロの義母を治す	マタイ8、マルコ1、ルカ4
	悪霊に取りつかれたガラダの人を治す	マタイ8、マルコ5、ルカ8
	床に寝たままかつがれてきた中風の人を治す	マタイ9、マルコ2、ルカ5
	12年間出血が止まらない女性がイエスの服に触れて治る	マタイ9、マルコ5、ルカ8
	視覚障害の2人の男の目に触れ治す	マタイ9
	悪霊に取りつかれ口のきけない人を治す	マタイ9
	てんかんで苦しむ子どもを治す	マタイ17、マルコ9、ルカ9
	安息日に腰の曲がった女性を治す	ルカ13
	安息日に水腫をわずらう人を治す	ルカ14
	重い皮膚病を持つ10人の男を治す	ルカ17
	死にかけていた役人の子を治す	ヨハネ4
死人の蘇生	ヤイロの娘を葬儀の列から蘇生させる	マタイ9、マルコ5、ルカ8
	ナインのやもめの息子を蘇生させる	ルカ7
	友人ラザロを墓から蘇生させる	ヨハネ11

イエスの奇跡の動機は常に人間に対する愛と慈しみであり、超能力の誇示ではなかった

民族を超えた宗教を目指す
ユダヤ教との訣別

ユダヤ教をベースとしながらもイエスは形骸化したユダヤ教を公然と批判し、運命のゴルゴタの丘へとつき進むのだった。

●イエスの律法への挑戦

イエスもまたユダヤの習慣にもとづいて“契約の民のしるし”である**割礼**《かつれい》を受け、少年時代には故郷ナザレの会堂で**ユダヤ教の律法**を学んでいる。イエスの教えはユダヤ教を土台としたものであったが、その中身はかなり違っていた。

たとえばイエスが**安息日**に病人を癒《いや》したことがあった。ユダヤ教の律法では、安息日には何もしてはならないと定められている。**ファリサイ派**は律法を犯したと非難したが、彼は「安息日のために人があるのではなく、人のために安息日がある」と述べた。

また弟子が空腹のため通りすがりの麦畑で麦をつんで食べたが、たまたま安息日だったため、ファリサイ派の者がそれを見とがめた。イエスは「人の子は安息日の主なのである、生命あっての律法ではないか」として、逆にファリサイ派を批判したという記述も聖書にはある。

さらにイエスは姦淫《かんいん》や盗みなど律法を犯した者や、ユダヤ人以外のサマリア人やローマ人に対しても救われると説いた。ユダヤ人は民族のアイデンティティに、“選ばれた民”という自負を抱いており、それを否定するイエスの教えに危機感を抱く者も少なくなかった。

またある人々はイエスが“メシア＝ユダヤの王”であれば、やがて異教徒であるローマ人からイスラエルを奪い返してくれるものと期待するようになるが、イエスはそれには応えなかった。

これらのことは、ある者には激しい憎しみや警戒心を、ある者には大きな失望や怒りを抱かせることになり、イエスを**ゴルゴタの丘**へと一歩一歩押し出すことになる。

イエスの挑戦

イエスがとった行動や言動は既存の権威や価値観に終始挑戦するものだった

安息日に多くの人々の病気を癒した	人のための安息日であるとして形骸化した律法に対して公然と挑戦した	ユダヤ人のアイデンティテを崩壊させせる危険思想とみなされる
安息日に弟子が麦の穂をつみ弟子が食べた		

山上の説教において「わたしが来たのは律法を廃止するのでなく完成するためである」と言う(マタイ5)	律法はいまだ完成されていないとした。律法を絶対視する勢力への挑戦状
イエスがサドカイ派やファリサイ派の人々と論争し言い負かせたり、公然と非難するようになる	イエスに対する憎悪がふくらんでいく
ユダヤ人以外にもサマリア人やローマ人も救われるとした	ユダヤ人の宗教から飛躍し民族を超えた宗教へ

カファルナウムに残る古いシナゴーグ(会堂)
イエスはおそらくこのような会堂で説教を行ったり、議論をしたと考えられている

Column

聖母マリア伝説

マリアはナザレのヨアキムとアンナの間に生まれる。夫婦は長い間子が授からなかったが、神のお告げでようやくマリアを授かる。アンナは神への感謝のしるしに、わが子を生涯神に捧げようと決意し、マリアが3歳になったときに神殿へ預けた。マリアは両親と離れ、神殿で14歳まで過ごしたといわれている。一説によるとマリアが14歳になったとき、神は彼女のために国中の独身男性を集めてくじを引かせた。こうして決まった伴侶《はんりょ》が大工のヨセフだ。マリアとかなり歳が離れていることから、ヨセフは結婚に躊躇《ちゅうちょ》したといわれている。

ところで聖書では受胎告知と出産以外はマリアについてほとんど触れていないのだが、マリアはイエスに従って宣教の旅に同道していたらしい。息子の処刑の折りには、死に行くわが子を見守る悲しい役目を果たした。そしてイエスの弟子たちとともに、キリスト教会の確立に力を注ぐ。やがてマリアに死が迫ったとき、彼女は使徒たちに会いたいと願う。すると懐かしい面々が雲に運ばれてマリアのもとに集まって来た。マリアはイエスやその使徒らにみとられ生涯を閉じるが、3日後には復活したという言い伝えがある。

エルサレムにある
マリア永眠教会

第7章

イエスの処刑と復活

さからえない運命に直面し、イエスが見せた心の葛藤《かっとう》、そして処刑と復活。新約のクライマックスといえる部分を味わおう。

群衆はイエスを王であるかのように迎えた

エルサレム入城

［マタイによる福音書21章、マルコによる福音書11章、ルカによる福音書19章、ヨハネによる福音書12章］

イエスのエルサレム入城は祝賀ムードのなかで群衆に迎えられるが、そこでの活動は人々との対立を深め、孤立させるものとなった。

●歓呼の声で迎えられる

イエスは、**過越祭**《すぎこしさい》を過ごすため弟子たちとエルサレムに向かった。途中、彼は弟子に子ろばを調達させ、それに乗って町に入る。**ゼカリア書**には「見よ、あなたの王が来る。彼は神に従い、勝利を与えられた者　高ぶることなく、ろばに乗って来る」（ゼカリア書9－9）とあり、イエスはその言葉にのっとったのだ。過越祭のためにエルサレムに集まってきていた群衆は、数々の奇跡を見せたイエスに、イスラエルの民を苦しみから解放する**メシア**を重ねていた。彼らはイエスに敬意を表し、服や枝を道に敷いて歓呼の声で迎える。

●神殿を清める

彼は神殿に向かい、そこで売り買いしていた商人を追い出して「わたしの家は、すべての民の祈りの家と呼ばれる。あなたがたはそれを強盗の巣にしてしまった」と旧約聖書の引用とともに激しい怒りをぶつける。神の家、すなわち神殿の現状に対する厳しい批判の言葉は、神への冒涜《ぼうとく》ととられた。彼はこの後、律法学者と議論をしているが、「1つの石も崩されずに他の石の上に残ることのない日が来る。」（ルカ20－6）と**神殿の崩壊を予言**する。さらに「わたしは人間の手で造ったこの神殿を打ち倒し、三日あれば、手で造らない別の神殿を建ててみせる」（マルコ14－58）と語る。このことは、律法学者らの怒りの火に、さらに油を注ぐ結果になった。

イエスは毎日神殿で説教をした。このとき群衆に取り囲まれ、「メシアならローマに対してなぜ立ち上がらないのか、メシアとしてのしるしを見せろ」と問い詰められる。ところがイエスは群衆の期待には応えようとしない。彼らにはイエスが“えせメシア”と映り、それまでの期待は失望、反感へと変わっていく。

メシアの入城

メシアを彷彿させるイエスのモザイク絵（左）

イエスは子ろばに乗ってエルサレムに入城する。この日、群衆はメシアの来臨を歓呼の声で迎えた（映画『Jesus』より）

エルサレム城壁の黄金門

メシアは黄金門から来臨するといわれていた。イエスもここから入城したのか？　この門はメシアを望まないイスラム教徒によって墓地がつくられ封印された

愛する弟子たちとともにする最後の食事

最後の晩餐

［マタイによる福音書26章、マルコによる福音書14章、ルカによる福音書22章、コリントの信徒への手紙1-11章］

エルサレムで迎えた過越祭の食事は、自らの死を覚悟したイエスが弟子たちとともにする最後のものとなった。

●絶望のなかで迎える過越の祭り

過越の祭りがやって来た。イエスは弟子たちとともに過ごす場所を決め、その日のしたくをととのえるよう命ずる。食事が始まった。イエスは「このなかの1人が自分を裏切ろうとしている」と爆弾発言をし、「これが弟子たちとともにする最後の食事である」と伝える。

彼は**ユダの裏切り**を予告するが、「人の子を裏切るその者は不幸だ。生まれなかった方が、その者のためによかった。」（マルコ14-21）と絶望の言葉を残した。イエスの深い悲しみが現れている。またイエスは弟子たちすべてが「つまづく」とも予言した。この場面は非常に有名で、**レオナルド・ダ・ビンチ**など多くの画家が手掛けている（右ページ「**最後の晩餐**《ばんさん》」参照）。

なお、ユダの裏切りは誰もが予期しておらず、当のユダの驚きも大変なものだった。彼はイエスから指摘を受けたとき、驚きのあまり食卓の塩入れをひっくり返してしまったという。よく欧米などでは、食卓の塩入れを倒すと「縁起が悪い」といわれるが、それはこのときのユダのエピソードに由来している。

●今日に続くミサの伝統

イエスはパンを手にとり「わたしの体」、またぶどう酒を手に「これは多くの人のために流されるわたしの血、新しい契約の血」と述べ、弟子たちに与えた。これは今日、**聖体拝領**《せいたいはいりょう》といってパンとぶどう酒を受けるキリスト教の重要な典礼の起源となっている。

カトリックでは毎週日曜日に行われるミサで聖体を受けるが、プロテスタントでは**聖餐式**《せいさんしき》と呼ばれ、祝祭日や特別な記念日、教会が定めた日に行われることになっている。

最後の晩餐

イエスが弟子たちと最後の晩餐を行った部屋
（エルサレム）

レオナルド・ダ・ビンチの「最後の晩餐」
左から4人目がユダ。ユダは後ろ向きであったり光背を描かないなどで通常は差別化されている。ダ・ビンチはあえてこれらの定番的描き方を否定し、自然な構図で描いた
サンタ・マリア・デレ・グラツィエ聖堂（イタリア／ミラノ）

逮捕直前にイエスが見せた苦悩

ゲッセマネの祈り

［マタイによる福音書26章、マルコによる福音書14章、ルカによる福音書22章］

最後の晩餐の後、ゲッセマネで祈りを続けるイエス。このときのイエスの叫びは弟子たちには届かなかった。

●イエスの苦悶

ゲッセマネの祈りで知られたゲッセマネは、エルサレムの東の城壁に面した丘陵地、**オリーブ山**といわれている。

弟子たちと最後の食事をしたイエスは、来るべき運命を受け入れるため、弟子たち(ユダはすでにイエスと袂《たもと》を分かったため、この場にはいない)を連れて丘に登った。

イエスはほかの弟子たちとは離れ、信頼しているペトロ、ヨハネ、ゼベダイの子ヤコブの3人をともなって、神への祈りを始めた。イエスはいつになくひどくおびえていた。「父よ、これから受ける苦しみを取りのけてください」と祈り、「わたしは死ぬばかりに悲しい」と心のうちを吐露《とろ》する。

弟子たちは長旅の疲れからか、オリーブの木の根元ですっかり寝入っていた。イエスは弟子たちを起こし、いっしょに祈るように命ずるのだった。

このとき、イエスは1人で待ち構えている処刑の恐怖と闘っていた。弟子たちは誰1人として、イエスの逮捕が迫っているという事態の急を理解してはいなかった。彼らはすぐにまた懐かしいガリラヤに戻れると思い、何の疑念も抱いてはいなかった。

●ペトロの裏切りを予言する

イエスはまたペトロに「鶏が2度鳴くまでに3度わたしを知らないというだろう」と予告する。ペトロは否定するが、やがてイエスが逮捕されたとき、心配して後を追ったペトロは大祭司**カイアファ**＊の屋敷までついていく。そこで「お前も仲間だろう」と問われ、「そんな者は知らない」と3度否定するのだった。このときペトロは師の言葉を思い出し、泣き出してしまう。

＊ユダヤ教サドカイ派の大祭司。イエスを断罪した議会の議長を務めた

ゲッセマネで苦悶するイエス

ゲッセマネの園
エルサレムの神殿の東側に位置するオリーブ山といわれている。オリーブの巨木が繁り、疲れ果てた弟子たちはイエスが何度か起こさなければならないほど寝入ってしまった

イエスの祈り（映画『Jesus』より）

わずか銀貨30枚でイエスを売った男

イスカリオテのユダ

［マタイによる福音書26章、マルコによる福音書14章、ルカによる福音書22章、ヨハネによる福音書18章］

イエスを捕まえるため、ゲッセマネの園に大勢の人々が押しかける。その先頭にはイエスの弟子であるユダがいた。

●イエスを裏切った男

イエスの弟子、**イスカリオテのユダ**は、イエスを殺したいと願っている祭司のところへ出向き、自分がイエスのいるところに案内しようと告げる。そして「あの男を引き渡せばいくらくれるか？」と確認している。ユダの裏切りの代償は銀貨30枚だった。

聖書ではユダの裏切りの理由を明確にしていない。マグダラで高価な香油をイエスに塗った女をユダが責めたとき、イエスに叱られたことを根にもったとも、会計係であったユダが金を使い込んだからともいわれている。ユダの真意はわからないが、会計係らしく勘定高いところがなかったとはいえない。ファリサイ派らと次第に激しく敵対するイエスに従っていくことに、不安を抱いたのではないだろうか。

また一説によると、ユダはメシアなら軍を起こし、ローマからの解放をすべきだと期待を寄せていたので、そのように行動しないイエスへの失望から裏切りに走ったとする解釈もある。

●イエス逮捕の瞬間

丘を登って来た官憲《かんけん》の先頭にはあのユダがいた。ユダはゆっくりイエスの前に近づくと、イエスに接吻《せっぷん》をした。それが合図だった。人々はすぐさまイエスを捕らえた。このときペトロは剣を引き抜き、そのなかの1人の兵士の耳を切り落とすが、イエスに「剣を持つ者は剣によって滅ぼされる」と諭《さと》される。イエスはその離れた耳を取り、もとに戻した。やがてイエスに従っていた弟子たちはイエスを捨てて逃げ出していった。イエスを売ったユダはその後首をくくって自殺*する。

＊使徒言行録にはユダは師を売った金で土地を買ったが、そこにまっさかさまに落ちて腹わたを全部出して死んだとある

ユダの裏切り

イエスにキスするユダ
ユダのキスが逮捕の合図となった

イエス逮捕の瞬間（映画『Jesus』より）

熱狂的歓迎から一転、イエスに敵意を向けた群衆

イエスの裁判

［マタイによる福音書27章、マルコによる福音書15章、ルカによる福音書23章、ヨハネによる福音書18章］

イエスを真に裁いたのは彼を憎悪していた大祭司でもローマの総督ピラトでもなく、残酷な見せ物に酔った群衆にほかならなかった。

●ピラトの戸惑い

イエスははじめ宗教的罪人として、大祭司**カイアファ**の邸宅に連行された。カイアファは、すぐさまサンヘドリンと呼ばれる最高法院を招集し、イエスを死刑にする決議を下す。ところが、最高法院では死刑の裁判をする権限が与えられていない。イエスの身柄はローマ総督の**ピラト**に預けられることになるが、ローマの法律では宗教的な理由による罪人は死刑にできないことになっている。そこで「イエスはユダヤの王としてローマに反逆しようとしている」という罪をでっちあげたのだった。

ピラトがイエスを尋問したとき、彼にはイエスの無実がすぐにわかった。さらにイエスの罪が本当にローマに対する反逆罪であれば、なりゆきによっては群衆が暴動を起こす危険性もある。このときピラトは、祭りのときには罪人の1人を恩赦《おんしゃ》できることを思い出し、ローマに反抗したバラバとイエスのどちらを恩赦すべきか、群衆に決めさせることにした。

●群衆の裏切り

ピラトが「バラバとイエスのどちらを恩赦するか？」と群衆に聞いたとき、人々は「バラバ！」と叫ぶ。「この男（イエス）は何もしていないではないか」とピラトが呼びかけても人々はますますエキサイトし、「イエスを十字架に！」と叫んだのだった。ピラトはやむなくイエスの処刑を決断し、バラバが釈放された。そして刑場に連行するローマ兵はイエスに茨《いばら》の冠をかぶせ「ユダヤ人の王、万歳！」とイエスをからかったのだった。大祭司の手の者が群衆を煽動《せんどう》したとも考えられるが、ローマに反旗を翻《ひるがえ》さないイエスに愛想《あいそ》をつかした群衆の残忍な意思表示とも考えられる。いずれにしても、運命のときは迫った。

イエスの裁判

聖ペトロ鶏鳴教会
イエスを捕らえたカイアファ大祭司の邸宅跡に建てられた聖ペトロ鶏鳴教会。ペトロはここまでイエスの身を案じてついてきたが、師を3度知らないと言う。教会の地下には牢獄が残っている。イエスはこの地下牢に閉じ込められたのか?

イエスの裁判（映画『Jesus』より）
イエスの裁判を一目見ようと、広場には大勢の群衆が集まっていた。彼らは「イエスを処刑せよ」とピラトに迫った

すべての人の罪を一身に背負って

磔刑のイエス

［マタイによる福音書27章、マルコによる福音書15章、ルカによる福音書23章、ヨハネによる福音書19章］

すべての人の罪を贖うため、イエスは自らの血を流し十字架にかかる。ゴルゴタの丘まではわずか１㎞ほどの道のりだった。

●悲しみの道

その日、早朝からの霧雨は雨に変わった。自分の処刑に用いる重い十字架をイエスはきしませながら背負い、**ゴルゴタの丘**に続く道を歩かされた。悲しみでうめく声が耳に届く。途中肩に食い込む痛みと重みに耐えかねて倒れたとき、誰かが彼の額の汗を拭ってくれた*。

今でもエルサレムにはイエスが刑場まで歩いた頃の道**ヴィア・ドロローサ（悲しみの道）**が残されている。

●ゴルゴタの丘の上で

痛み止めのぶどう酒をイエスは拒み、釘《くぎ》を打ち付ける音と焼き付けるような痛みにじっと耐えた。誰かが「ユダヤ人の王」と書かれた木の札をイエスの頭上に打ち付けた。

磔刑《たっけい》はジリジリと体力を失わせるが、命を奪うまでには時間がかかる残酷な刑である。イエスといっしょに2人の罪人も処刑された。その1人がイエスに「あなたは何もしていない」とささやく。その男はかつてイエスが癒《いや》したことのある女の息子だった。イエスはその男に「あなたは今日わたしとともに楽園に入る」と告げる。

空はすっかり黒い雲におおわれ間もなく激しい嵐がやって来た。突きさすような風のなかで、イエスは「父よ、あなたはわたしを見捨てられたのか」と悲痛な叫びを上げ、やがて息絶えた。

間もなく信者の手でイエスの遺体がひきおろされた。釘が抜かれ、イエスは白い亜麻布《あまぬの》にていねいにくるまれた。女たちも集まってきた。イエスは、ユダヤ人の墓に埋葬され、そして墓の入口は重い石で蓋《ふた》がされたのだった。

＊イエスの汗をぬぐったのは聖ヴェロニカという女性といわれており、その布にはイエスの顔が浮かび上がったという

イエスの処刑

十字架のイエス
イエスの死後、地震が起こったともいわれている

十字架の重みにくずおれるイエス
ヴィア・ドロローサにあるレリーフ。この場所でイエスは倒れたとされている

神の栄光に触れる町
巡礼の都、聖地エルサレム

イエスが処刑されたエルサレムは、キリスト教徒のほか、ユダヤ教徒やイスラム教徒にとっても聖地と崇められている。

●3つの宗教が出会う町

イスラエルの首都、エルサレムは城壁に囲まれたわずか1km四方という旧市街のなかに、ユダヤ教、キリスト教、イスラム教という3つの宗教の聖地がひしめく。まず東に金色に輝くイスラムの**岩のドーム**（①)、ユダヤ教の**嘆きの壁**（②）が目に入る。町のほぼ中央はイエスが磔《はりつけ》にされた地＝ゴルゴタの丘とされ、4世紀に建てられた**聖墳墓教会**（③）がある。

中世には、この町をイスラム教国であるセルジュク・トルコから奪回しようとして十字軍が結成されたという経緯もあり、宗教的な対立の火種を常に宿している宿命の地ともいえるのだ。

ユダヤ教の聖地となっているのは、まずアブラハムが息子のイサクを神に捧げようとした地（68ページ参照）であること、そしてソロモンが神殿をこの地に建造（118ページ参照）して以降は、この神殿が信仰のシンボルとなったことである。神殿そのものは破壊されたが、ユダヤの人々はわずかに残る神殿の西の壁（嘆きの壁）とユダヤ人地区の古い遺跡を巡礼する。

またイエスが磔刑《たっけい》に処せられ復活した（182ページ参照）ことから、キリスト教の聖地となったのはいうまでもない。キリスト教徒は**ヴィア・ドロローサ**と呼ばれるイエスの処刑場までの道をたどり、聖墳墓教会《せいふんぼきょうかい》などイエスゆかりの教会を回る。

さらにイスラム教では、アブラハムが神に生贄《いけにえ》を捧げようとしたのは実はイサクではなくアラブの民の先祖、イシュマエルで、マホメットは神からコーランを授かるために、そこから昇天したという伝承がある。691年にはイスラム教徒によってこの地に岩のドームが建てられた。イスラム教徒はこの岩のドームを目指して世界各地から巡礼に訪れる。

聖地エルサレム

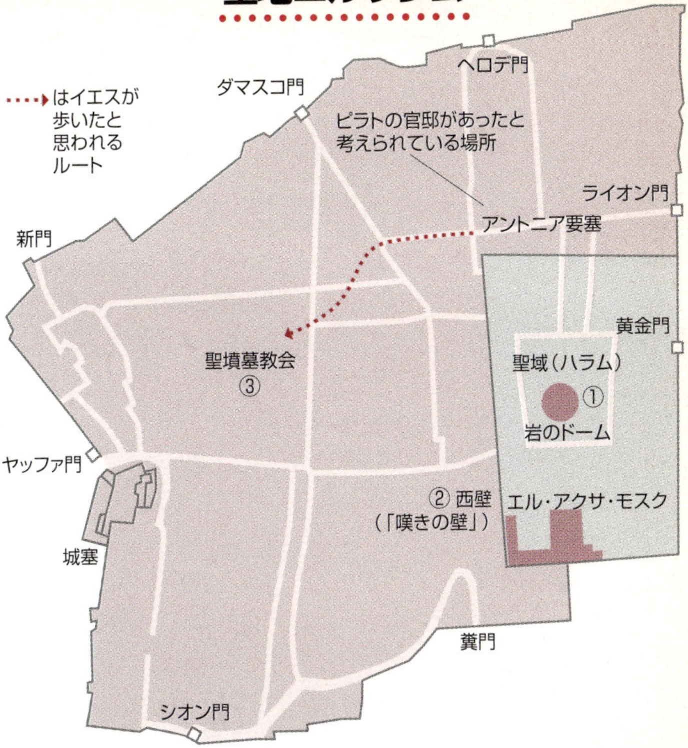

十字架をかつぐ巡礼

岩のドーム

西壁（嘆きの壁）

死んだはずのイエスが消えた！

イエスの復活

［マタイによる福音書28章、マルコによる福音書16章、ルカによる福音書24章、ヨハネによる福音書20章］

処刑後イエスは再び弟子たちの前に復活する。イエスが永遠の"命"を得たことを記念する復活祭は宗教的に重要な意味を持つ。

●イエスの遺体が消える

イエスが処刑されたその日（金曜日）は夕方から**安息日***になるため、正式な埋葬は安息日明けを待って行われることになった。

福音書では、安息日明けに**マグダラのマリア**、ヤコブの母のマリアら女たちが、イエスの遺体に香油を塗ろうとして墓に行ったとある。このとき地が揺れて天使がマリアの前に現れ「あなたがたが探しているイエスはここにはいない。復活したのだ。弟子たちにガリラヤでお目にかかれると告げなさい」と命じる。

なおヨハネ福音書では、次のような内容になっている。マリアが朝早く墓に行くと、師の遺体が消えていたため、ペトロやヨハネにすぐさま報告するが、彼らは遺体が消えたことを見届けると帰ってしまう。墓の外で立ったまま泣いているマリアの前にイエスが現れ、「女よなぜ泣いているのか」と声をかけた。マリアがイエスにすがろうとすると、イエスは「わたしにすがりつくのはよしなさい。まだ父のもとにいっていないのだから」と言い、「むしろ行って弟子たちにこのことを告げなさい」と命じる。

●復活祭（イースター）

今日、クリスマスと並び重要なキリスト教の行事として春の**復活祭（イースター）**がある。イエスが復活した宗教的意味を祝うもので、春分後の満月の次の日曜日と定められている移動祝祭日である。

この日は教会で大きなミサが行われ、家庭では復活のシンボルである卵を色とりどりに飾って、卵を使ったゲームをしたり、プレゼントを交換するなどして祝うならわしだ。

＊安息日は、現在は土曜日になっているが、イエスの時代には金曜日の夕方からとなっていた

復活の奇跡

聖墳墓教会
イエスが処刑されたゴルゴタの丘とされる場所に建てられている。ここはギリシア正教、ローマカトリック教会、アルメニア教会など6つの祭壇がある。また内部にはイエスが十字架から下ろされ、香油が塗られた石や、イエスの墓などがある

復活のミステリー

イエス復活の場面は福音書によって多少違いがあるが、おおむね次のような現象が人々を驚かせた

人の子は十字架につけられ3日目に復活すると弟子たちに告げる	墓にはイエスの遺体がなかった	天使が現れイエスの復活を告げる
墓から石がとりのけられていた	遺体を包んでいた亜麻布が置いてあった	イエスの頭を包んでいた布も丸めて置かれていた

そのほかマタイ福音書28章には、弟子たちが死体を盗んだといううわさがユダヤ人の間に広まったと書かれている

イエスの処刑を見届け復活にも居合わせた
マグダラのマリアの物語

イエスに癒されたマグダラのマリアは、その後弟子たちとともにイエスに従い、最初に復活を目撃する重要な役割を担う。

●イエスにつき従ったマリア

聖書でしばしば登場する女性に**マグダラのマリア**がいる。マグダラとはガリラヤ湖周辺の漁村で、マリアはその村のごく普通の女性だったようだ。彼女がイエスと出会ったとき、イエスによって7つの悪霊《あくりょう》を追い出してもらう。後世マグダラのマリア＝娼婦《しょうふ》とする見方も多く、このときの悪霊を肉欲であると考えるようだが、聖書にはマリアが娼婦だったという記述はない。おそらく身体や精神的な病だったと思われる。

イエスによって癒《いや》されたマリアはイエスを師と仰ぎ、「この人に生涯ついていこう」と直感したのだろう。その後マリアはイエスに影のようにつき従い、イエスの身の回りの世話をする。大ヒットしたミュージカル『ジーザス・クライスト・スーパー・スター』のようにマグダラのマリアがイエスに恋愛感情を抱いていたという解釈もあるようだが、真偽のほどはわからない。

マリアはイエスが捕らわれ、ゴルゴタの丘に向かうときも見え隠れしながら刑場まで行き、イエスの処刑を見届けたと思われる。マグダラのマリアには、そうした激しいまでの一途《いちず》さがあった。

●復活に立ち会った女

イエスの死後、マグダラのマリアが重要な役割を果たす場面がある（182ページ参照）。安息日が開けたときにマリアは真っ先に師の遺体を清めようと香油を持って墓に出掛け、イエスの復活を目撃する。イエスは弟子たちの前ではなく、マリアの前に最初に現れたのだった。なぜ彼女の前にイエスが現れたかは大きなミステリーだが、人間らしい生活を取り戻してくれた師に対するマリアの敬愛が純粋で激しいものだったために、その日にはイエスが見えたのかもしれない。

聖書に記載されているマグダラのマリア

イエスに7つの悪霊を追い出してもらう	マルコ16、ルカ8
自分の持ち物を出して奉仕した	ルカ8
ガリラヤからイエスに従って来て世話をしていた	マタイ27、マルコ15、ルカ23
イエスの死を見届ける	マタイ27、マルコ15、ルカ23
イエスの埋葬の後も墓の前に残り、座っていた	マタイ27、マルコ15
イエスの仮埋葬の後イエスのために香料や香油を用意した	マルコ16、ルカ23
イエスが「平安であるように」と言ったので近寄って主の足を抱きその前にひれ伏した	マタイ28
復活後、まず最初にマグダラのマリアがイエスの姿を目にした	マルコ16、ヨハネ20
天使からマリアは、イエスの復活を弟子たちに伝えるよう命じられる	マタイ28、マルコ16、ルカ24

この日を境に弟子たちが大変身
ペンテコステの奇跡

［マタイによる福音書28章、マルコによる福音書16章、ルカによる福音書24章、ヨハネによる福音書20章、使徒言行録2］

イエスは復活後多くの奇跡を弟子たちに見せるが、最後に聖霊による洗礼を授け、使徒として目覚めさせる。

●弟子たちの前に姿を現す

イエスの死後、弟子たちもまた生命の危険を感じていた。エルサレムの町で身を寄せ合ってひそんでいたところ、突然部屋に白い光がさし、その真ん中にイエスが現れた。イエスは「あなたがたに平和があるように」と告げ、両手の釘跡《くぎあと》と脇腹の傷を弟子たちに見せたのだった（トマスだけはその場にはいなかったため信じることができず、イエスに「信じる者になりなさい」と叱られる）。

その後もイエスは弟子たちの前に幾度か姿を現し、自らのメッセージを伝えた。イエスは40日間弟子たちとともにあり、やがてエルサレムの郊外で昇天する。イエスが昇天したとされる地には、**昇天教会**が建てられている。

●ペンテコステの奇跡

過越祭《すぎこしさい》から50日目に**ペンテコステの祭り**＊がやって来た。弟子たちや聖母マリアなど120人の人たちは、エルサレムに集まり、イエスの約束「聖霊による洗礼」が果たされるのを待っていた。突然、激しい風が吹いて来るような音が聞こえ、彼らが座っていた家中に響いた。そして“炎の舌”のような形をした聖霊が分かれ分かれに現れ、弟子たちの上にとどまったのだった。

この奇跡を境にイエスの弟子たちもまた大きく変貌を遂げる。彼らは突然にほかの国々の言葉も話せるようになった。しかもイエスが捕らわれたときにはその場からコソコソと逃げ出した彼らだったが、にわかにイエスの教えや奇跡を語るため、声を張り上げて群衆を前に話し始めるのだった。この奇跡の日はヒッポの司教、アウグスティヌスにより**教会の誕生日（ディエス・ナタリス）**と名付けられた。

＊過越祭から50日目にあたるユダヤの収穫祭。初穂が神に捧げられる。ペンテコスタは50日目という意味

イエス復活の奇跡

イエスは復活後弟子たちとともにあり、いろいろな場所で奇跡を見せた

弟子たちが隠れていた場所で弟子たちに聖霊を受けるように言う	エルサレム
↓ 復活を疑った弟子トマスの前に現れトマスを叱る	エルサレム
↓ 弟子たちが漁をしているところに現れ、大量の魚をとらせ、魚とパンで朝食をともにとる	ティベリアス湖畔
↓ ペトロに三度「わたしを愛しているか」と尋ねる	ティベリアス湖畔
↓ イエスの昇天	オリーブ山
↓ 弟子たちに炎の舌がとまり聖霊で満たされた	エルサレム

ヨハネ福音書、使徒言行録による。ルカ福音書には別の物語が紹介されているが、ここでは省略する

昇天教会（オリーブ山）

ペトロ召命教会（ガリラヤ湖畔）

Column

キリスト教と十字架

キリスト教のシンボルになっているのが十字架だが、その種類は非常に多い。通常われわれがよく目にする十字架はラテン十字と呼ばれている。そのほかにプラス記号に似た短い十字架やT字型のものなどがあり、それぞれギリシア十字、タウ十字などと呼ばれている。変わったところでは、聖ペトロ十字、聖アンデレ十字と呼ばれるものもある。聖ペトロ十字は弟子のペトロが逆さに磔《はりつけ》にされたことから、またその弟アンデレが処刑された十字架はキリストを表すギリシア語のΧΡΙΣΤΟΣの頭文字であるX字型であったためにこう呼ばれている。

そもそも十字架はローマの奴隷に対する処刑具であった。イエスが奴隷と同じ方法で処刑されたことは、信者らにとって忘れがたい屈辱だった。そしてイエスが味わった“痛み”を心に刻むため、さまざまなところで十字架が取り入れられるようになる。

たとえば祈りの所作《しょさ》そのものが十字架になっていることだ。一般には、額→胸→左肩→右肩の順に指先で触れ、「父と子と聖霊のみ名によって」と唱える。教会の装飾はもちろん、建物そのものが巨大な十字架になっているものもある。

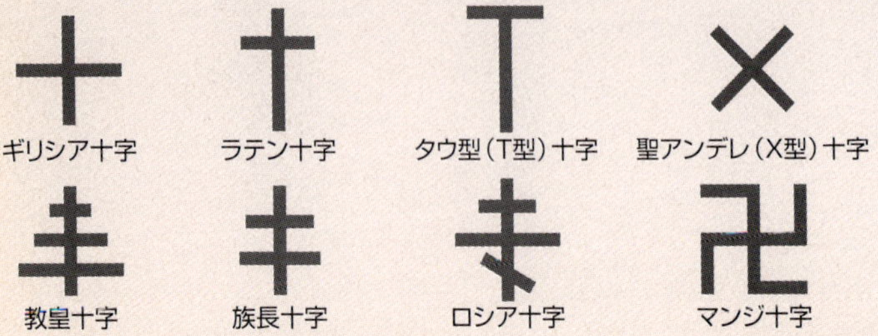

第8章

弟子たちの時代

激しい迫害にもめげずに教えを広めたのは12使徒と新たに加わったパウロだった。苦難に満ちた彼らの時代をまとめる。

イエスの後継者として目ざめる

ペトロの布教活動

［使徒言行録］

イエスから天国の鍵を預かったペトロはイエス亡き後、指導者としての自覚に目ざめ、初期キリスト教会の確立に奔走する。

●宣教に目ざめるペトロ

ペトロはイエスが生きているうちは、自分の身に危険が及ぶと「イエスなど知らない」とふがいないところを見せるが、ペンテコステの奇跡以降はしっかり後継者としての自覚を持ち、別人のように力強く活動を始める。**使徒言行録**には、ペトロの説教によって多くの人が洗礼を受けたこと、イエス同様、たくさんの癒《いや》しの奇跡を起こしたことが書かれている。

ペトロはまた**ヤッファ**という町で**タビタ**と呼ばれる女性を生き返らせるという奇跡も見せている。人々はこの奇跡に大いに驚き、たちまちに信者の数がふくれあがった。

ヘロデ王やユダヤ教祭司らには、ペトロがイエス同様秩序を破壊する危険人物であると映ったに違いない。ペトロを殺そうと捕まえて牢につなぐ。ところが処刑の前夜に天使が現れて眠っているペトロを起こし、鎖でつながれていた彼を解き放って安全な所まで導くのであった。

このように使徒言行録には、ペトロに関する数多くの奇跡のエピソードが綴《つづ》られている。

●異邦人コルネリウスに洗礼を授ける

そのほか使徒言行録には、ペトロが異邦人であったローマの百人隊長、**コルネリウス**に洗礼を施したことが書かれている。ペトロは当初、布教の対象をユダヤ人に限っており、異邦人は視野に入れていなかった。彼の目には異邦人は清くないもの、汚れたものと映っていたからだ。ところがイエスの幻が現れ「コルネリウスに洗礼を授けるように」と告げたため、その言葉に従い洗礼を授けたのである。これは初期のキリスト教のなかで、画期的なこととして位置付けられている。

ペトロゆかりのヤッファとカイサリア

現在のヤッファの町並み

ペトロはこの町の皮なめし職人シモンの家に滞在していた。数々の善行を施していたタビタという女性が死んだとき、ペトロはその女性を蘇らせるという奇跡を起こした。またコルネリウスへの洗礼もこの町で幻を見たことによる。現在はテルアビブ・ヤッファ市

現在のカイサリア

初期キリスト教の中心地ともいえるカイサリアはペトロがコルネリウスに洗礼を授けるなど、使徒たちとゆかりの深い地である

ローマ時代の円形競技場跡

1948年の発掘調査により、カイサリアではローマ時代の遺跡が数多く発掘された

教会内部の対立と迫害
初期の教会

［使徒言行録］

生まれたばかりのエルサレムの教会は、ステファノの殉教などさまざまな試練が待ち受けていた。

●新たに7人の指導者を迎える

当初、エルサレムの信者たちはすべての物を共有し、財産や物を売ったお金を必要に応じて分け合うという共同生活をしていた。そうしたなかギリシア語を話すユダヤ人集団（**ヘレニスタイ**）とヘブライ語を話すユダヤ人集団（**ヘブライオイ**）との間でいざこざが起きるようになる。ペトロは使徒たちが宣教に専念できるよう、自分たちを助ける役目として、新たに**ステファノ**、フィリポら7人を選出し、食べ物の分配といった実務を任せた。なかでもステファノは若手指導者として人気を集めたが、ユダヤ教側の反発を招いて無実の罪で裁判にかけられ、石打ちの刑に処せられた（198ページ参照）。

●異教徒へも広がる

ステファノの殉教によって身の危険を感じた使徒たちはエルサレムを離れ、異郷で新たな宣教活動を行うようになった。194ページで述べる**パウロ**はステファノの死後加わったが、その中心的な人物となる。アンティオキア（現在のトルコのアンタキア）など異郷での布教が成功を収めるにともない、ユダヤ人以外の信者がどんどん増えていった。やがてエルサレムの教会では、ユダヤ人以外の信者の扱いをめぐって、割礼《かつれい》をどうすべきかが大きくクローズアップされるようになる。

パウロは、信者がユダヤの伝統に従い割礼をする必要はないとする立場であり、エルサレムの教会を守るペトロらは、ユダヤの伝統を重視するという保守的な立場をとっていた。そこで両者が話し合うため、パウロはエルサレムに赴《おもむ》く（**エルサレム使徒会議**）。話し合いの結果、パウロはエルサレムの教会に対して、割礼を強制しないことを認めさせ、ペトロはユダヤ人、パウロは異教徒に布教するというように役割分担を決めたのだった。

初期のエルサレムの教会

- すべての財産を共有していた
- 財産を持っている者はその財産を売り、必要に応じて皆で分け合った
- 信者たちは家ごとに集まって食事をし神を賛えた

↓

食料の配分をめぐり、信者たちの間で不満が出てくる

↓

ステファノなど7人の指導者を選出し、食料の分配などの実務を任せた

↓

ステファノの発言はユダヤ教側の反発を招き、ステファノを裁判にかける

↓

石打ちの刑によりステファノが殉教 ― 使徒たちへの迫害が強化

↓

使徒のエルサレム脱出

↓

布教の地域的拡大
（異教徒の間にも拡大）

→ ユダヤ人以外の者の割礼をめぐり問題に → エルサレム会議開催

エルサレム会議では、割礼を強要しないこと、パウロは異教徒に対する布教、ペトロはユダヤ人に対する布教というように役割分担がなされた

↑

パウロのエルサレム脱出

↑

パウロの回心

キリスト教躍進の立役者となった重要人物

パウロの回心

［使徒言行録］

ペトロとならんで重要な役割を果たしたのがパウロである。彼ははじめ熱心なユダヤ教徒でキリスト教徒を迫害していた。

●パウロの目からうろこ

パウロ*はユダヤ人だが現在のトルコ南東部のタルソスという町に生まれ、親の代からローマの市民権を得ていたという裕福な家の出身で、ギリシア哲学のほかユダヤ教の律法など高い教養を身に付けていた。厳格なファリサイ派（140ページ参照）で、ステファノが石打ちの刑に処せられたときその場にいて、信念にもとづき積極的にキリスト教信者を弾圧していた。

ダマスコという町に信者弾圧のために向かう途中のことである。強い光が見え、「なぜわたしを迫害するのか？」と問いかける声が聞こえた。「あなたは誰か？」と問い返すパウロに「わたしは、あなたが迫害しているイエスである」と答えたという。彼の目はこのときの強い光で見えなくなっただけでなく、飲み食いすらできなくなる。3日後イエスの託宣を受けた**アナニア**という人物がパウロの前に現れ、パウロに手を置くや目からうろこのようなものがポロリと落ち、再び見えるようになった。目からうろこのたとえはこのエピソードに由来する。このときの不思議な体験以来、パウロは信者弾圧から一転して、イエスの言葉を諸会堂で熱心に伝えるようになる。

●パウロのかご吊り

ユダヤ教徒ははじめはパウロの豹変《ひょうへん》ぶりに呆《あき》れ果てていたが、そのうちに**パウロの回心**が許せなくなる。ダマスコのユダヤ人は裏切り者パウロを殺そうと昼夜城門を見張っていた。危険を察知した彼の弟子たちが、夜のうちに城壁からかごを吊るし、パウロをそれに入れて城壁の外に出し、無事ダマスコを脱出させたのだった。右ページ上の写真はそのときのようすを表したものである。

＊もともとはサウロと呼ばれていた。後にパウロと改名するが、いつからかは不明。第１回旅行のキプロスではすでにパウロになっていた

パウロの生涯

時期	できごと
A.D.	
10年頃	●タルソスで生まれる
32年頃	●ステファノの殉教
33年頃	●パウロの回心
47年頃	●第1回宣教旅行
48年頃	●エルサレム使徒会議
49年頃	●第2回宣教旅行
53年頃	●第3回宣教旅行
	●エフェソで捕囚生活
58年	●エルサレムで逮捕される
	●カイサリアで2年間の捕囚生活
	●ローマへ護送される
	●ローマで軟禁生活を送る
65年頃	●ローマで殉教（?）

聖パウロ窓教会
パウロのかご吊りが描かれている

サン・パウロ・フォーリ・レ・ムーラ教会（ローマ）
パウロはローマの市民権を持っていたためむごたらしい処刑方法ではなく、斬首に処せられた。伝説では首が3回はね、そこから泉が湧いたという。教会はパウロの墓の上に建てられた

生涯を旅人で終えた偉大な伝道者

パウロの旅

パウロはその生涯で3度旅をし、イエスの教えを伝えた。このことはキリスト教がユダヤから世界へと脱皮する大きなきっかけとなった。

●偉大なる旅行者

パウロは3度にわたり、延べ4,000㎞にわたる大旅行をしている。さらに罪人としてローマまで連行されたことを加えると、パウロの旅は計4回にも及ぶ。パウロの生涯はまさに旅行者としてのものだった。この間、パウロはキプロスの総督であるセルギウス・パウルスを改宗させるなど異教徒への布教で大きな成果を上げたのだった。パウロが大旅行をしていなければ、キリスト教もこれほど広まらなかっただろう。また、旅先から何度となく各地の教会に書簡を送り、信者たちを励ましている。**ガラテヤの信徒への手紙、ローマの信徒への手紙、コリントの信徒への手紙**などである。

●受難続きの布教活動

パウロの布教活動は決してたやすいものではなかった。たとえば第1回目の旅行で立ち寄った**リストラ**という町でのこと。パウロが足の不自由な男を癒《いや》す奇跡を見せたところ、人々は彼をギリシアの神、ヘルメスと勘違いして神殿に彼を祀《まつ》り上げようとした。彼はそこで衣服をズタズタにしてヘルメスでないことを証明するが、今度はその振る舞いが神々に対する冒涜《ぼうとく》だとして群衆から石を投げられ、気絶する。パウロは死んだものとして町の外に投げ捨てられてしまった。

また第3回目の旅ではエルサレムでユダヤ教徒に逮捕され、**カイサリア**で2年間の捕囚生活を送っている。このときパウロはエルサレムに送られると死刑になるとわかっていたため、自分のローマ市民権にもとずき皇帝に上訴し、皇帝の裁判が受けられるよう主張したのだった。かくしてパウロは、ローマまで罪人として護送されることになり、その終着である自らの死へと一歩一歩近づくのであった。

パウロの宣教旅行

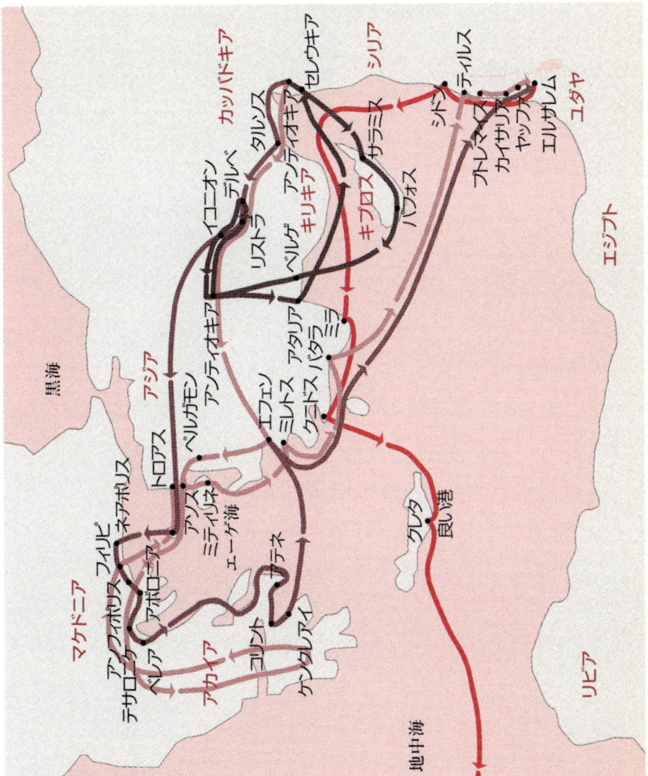
黒海
マケドニア
アジア
カッパドキア
シリア
キリキア
キプロス
ユダヤ
エジプト
リビア
アカイア
イタリア
シチリア
マルタ
アドリア海
地中海
エーゲ海
クレタ
良い港
ローマ
トレス・タベルネ
アピイフォルム
プテリオ
レギオン
シラクサ
ケンクレアイ
コリント
アテネ
ベレア
テサロニケ
アンフィポリス
アポロニア
フィリピ
ネアポリス
トロアス
アソス
ミティレネ
ペルガモン
エフェソ
ミレトス
クニドス
パタラ
ミラ
アタリア
ペルゲ
アンティオキア
リストラ
イコニオン
デルベ
タルソス
アンティオキア
セレウキア
サラミス
パフォス
シドン
ティルス
プトレマイス
カイサリア
ヤッファ
エルサレム
第1回宣教旅行
第2回宣教旅行
第3回宣教旅行
ローマへの旅

弟子たちに向けられた迫害のほこ先
使徒たちの殉教

［使徒言行録］

イエスの12使徒の多くが殉教している。ペトロ、アンデレ、ヤコブ、フィリポ、ナタナエル、マタイ、パウロらである。

●命がけの布教

最初の**殉教者**となった**ステファノ**は、その説教がユダヤ教側の反発を招き、ユダヤ人に捕らえられ、裁判にかけられた。その席で彼は「人の手でつくったエルサレムの神殿には神は住まない」と言い放ち、ユダヤ人の激しい反感を買ってしまう。ステファノは石打ちの刑という方法により、ユダヤ教徒の手によって処刑された。石打ちの刑はユダヤの伝統的な処刑方法で、体の半分を土に埋めるなどして動けなくし、高いところから見物人らが罪人めがけて大きな石を順番に投げつけるというもので、死ぬまで続けられる。

ステファノの処刑の日、エルサレムの教会に対して大迫害が起こり、使徒たちはエルサレムを離れ、ほかの地域へと旅立っていくことになる。

イエスの使徒のうち、もっとも凄惨きわまりない方法で殉教したのは**ナタナエル**だろう。伝説によると彼はインド、ペルシア、ゲルマニアを伝道し、アルメニアの地で殉教したといわれているが、その方法は生きたまま生皮を剥がされるという残酷なものだった。聖バルトロマイはナタナエルと同一人物といわれている。

ペトロもまた、殉教したといわれている。ローマにいた彼は皇帝ネロの迫害が厳しさを増してきたため、いったんローマを離れる決意をするが、アッピア街道でイエスの幻を見る。

伝説では、ペトロが「**クオ・ヴァディス・ドミネ？**（主よどこに行かれるのですか？）」と聞いたとき、イエスは「わたしの民を見捨てるなら、わたしがローマで再び十字架にかかろう」と答えたという。ペトロはローマに引き返し、磔《はりつけ》によって殉教した。このとき「自分はイエスと同じ方法で死ぬことはおそれ多い」と言い、**逆さ十字架**にかけられた。

使徒たちの殉教

ステファノ

33年、最初の殉教者。エルサレムで石打ちの刑に処せられた。「主よ、この罪を彼らに負わせないでください」と叫び息を引き取ったという（使徒言行録7）

ヤコブ

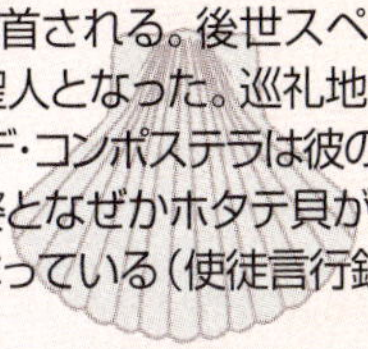

43年頃、ヘロデ・アグリッパ1世により斬首される。後世スペインの守護聖人となった。巡礼地サンチアゴ・デ・コンポステラは彼の聖地。巡礼姿となぜかホタテ貝がシンボルとなっている（使徒言行録12）

アンデレ

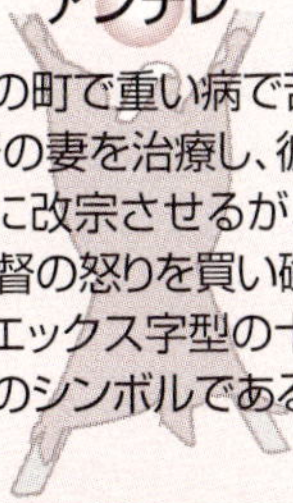

ギリシアの町で重い病で苦しむローマ総督の妻を治療し、彼女をキリスト教に改宗させるが、それがもとで総督の怒りを買い磔に処せられた。エックス字型の十字架はアンデレのシンボルである

フィリポ

スキタイを伝道中、異教の祭司により磔に処せられた。原因はその地で礼拝されていた竜をフィリポが十字架で追い立てたところ、しばらくたって竜が悪臭を放ちながら現れ、その臭いで人々が死んだからだという

ナタナエル

インド、ペルシア、ゲルマニアを伝道して歩いたが、最後の伝道先のアルメニアで処刑され、生きたまま生皮を剥がされたという伝説がある

マタイ

エチオピア、ペルシアを伝道して歩くが、最後は迫害にあって殉教したという説がある

ペトロ

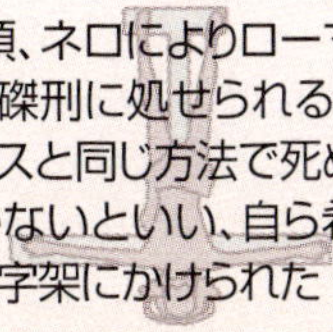

67年頃、ネロによりローマで捕らえられ磔刑に処せられる。このときイエスと同じ方法で死ぬわけにはいかないといい、自ら希望して逆さ十字架にかけられた

パウロ

ペトロとほぼ同じ時期（67年頃）にローマで斬首される。伝説では首が3回転がり、そこから泉が湧き出したという

生きたままライオンのえじきに

ネロのキリスト教徒迫害

初期の信者らが凄惨な迫害を受けたことはよく知られているが、彼らの勇気ある姿は人の心を打ち皮肉にも信徒の結束を強める結果になった。

●なぜ迫害されたのか？

信徒はイエスが死んだ頃からエルサレムばかりでなく、ローマ帝国の領土にも徐々に現れ始め、拡がっていく。彼らは自ら信ずる神には従うが、ローマの社会的秩序ともいえる神々や皇帝の崇拝を拒み、ローマの伝統的な生活スタイルや習慣になじもうとはしなかった。そのため、信徒たちは当初は大目に見られていたようだが、次第に異質な存在、付き合いにくい隣人という目で見られるようになる。やがてこのことは、支配者も注目するところとなり、キリスト教はローマ帝国の秩序を根底から揺るがす危険な思想とみなされるようになっていった。

また信徒たちの行動はローマの人々には少なからず奇異に映り、あやしげな秘密結社のようにとられたようだ。たとえば、イエスの最後の晩餐《ばんさん》をしのぶ聖餐《せいさん》は、人食いの誤解を生んだ。イエスの言葉「これは私の体、これは私の血…」が誤って伝えられたのだろう。信者たちへの憎悪や敵意がふくらみ、恰好のスケープゴートにされる。

●凄惨をきわめた迫害

64年7月、ローマの町は大火に見舞われ、6日7晩にわたり燃え続けた。**皇帝ネロ***が「古い建物と曲がりくねった街路に我慢できない」と自ら火を放ったのが原因だが、ネロはその責任をキリスト教徒たちになすりつけた。ペトロとパウロが殉教したのもネロ皇帝の迫害による。

ローマの闘技場、コロッセオは、そうした名もない信者たちの殉教の舞台となり、多くのキリスト教徒が生きたままライオンに食い殺されるという、凄惨《せいさん》な迫害が日々繰り広げられたのだった。

＊54～68年。ローマの歴代の皇帝のなかでも、きわめて残忍な性格で知られている

キリスト教徒への迫害

なぜ迫害されたのか

ローマの神々を信仰しない

皇帝礼拝をしない

ローマ人の娯楽としての祭典や競技をいっしょに喜ばない

→ ローマ市民の義務を拒否している → ローマの社会的秩序を乱す危険思想

キリスト教徒には目で見える特別な儀式や宗教上の習慣が見うけられない

→ わかりにくい。謎めいた秘密結社 → 異質のものに対する拒絶感や嫌悪感

→ 不満のはけ口、スケープゴートとして残酷な処刑が歓迎された

コロッセオ
（ローマ）
地下の通路からライオンが追い立てられ、生きた人を襲わせた。こうした見せ物はローマ人の人気を博していた

新約聖書のなかでも異質の書物
ヨハネの黙示録の中身

［ヨハネの黙示録］

聖書のなかでもとりわけ異彩を放つヨハネの黙示録。謎めいたその中身は？　また作者ヨハネの真意はどこにあったのかを考える。

●黙示文学とは何だろう？

フランシス・コッポラ監督の映画『地獄の黙示録《もくしろく》』は、**ヨハネ**＊**の黙示録**をベトナム戦争に重ね合わせたものとしてよく知られている。そもそも**黙示**は**啓示**の意味で、覆われていたことがらや隠れていたことがらを顕すことをいう。聖書に特徴的な手法で、旧約聖書でもイスラエルの民の運命がしばしば預言者らによって黙示的な手法で語られている。イエスもこうした黙示のかたちを借りて人々に反省を促したり警告を発したのだった。

●ヨハネの黙示録とは？

新約聖書の最後に収められているヨハネの黙示録では、7つの角と7つの目を持った子羊が登場し、神と思われる人物から7つの封印がされた巻物を受け取る。子羊が巻物の封印を1つずつ開いていくと、さまざまな天変地異が現れる。そしていよいよ最後の封印を解いたそのとき、天使がラッパを順番に鳴らすと、再び恐ろしい天変地異が起こる。さらに7人の天使が7つの鉢から次々に神の怒りを注ぐ。するとよりスケールアップした災いが襲い、ついに人類が破滅する。やがて神の最後の審判が下り、神が支配する天上のエルサレムが降下するという内容である。

イエスが予言した「戦争の騒ぎや戦争のうわさを聞くだろうが、慌《あわ》てないように気をつけなさい。（略）方々に飢饉《ききん》や地震が起こる。しかし、これらはすべて産みの苦しみの始まりである。」（マタイ24-6～8）をさらに具体的に示したものなのだ。作者のヨハネはまた「666」など、いくつかの暗号を用いている。これは皇帝ネロを示すといわれ、万一ローマ人に黙示録の中身を見られても、その真の意味を隠す意図があったといわれている。

＊イエスが聖母マリアの面倒を託した人物（使徒ヨハネ）とも見られているが、まったく別人という説もある

7つの封印と7つのラッパ

7つの角と7つの目を持った子羊が7つの封印がされた巻物を開いた

第1の封印	●白い馬にまたがり弓を持った者→戦の災い
第2の封印	●赤い馬にまたがった者→平和を奪い殺し合う災い
第3の封印	●黒い馬にまたがり手に秤を持った者→貪欲の災い
第4の封印	●青白い馬にまたがった死と陰府(よみ)→剣と飢饉による死の災い、地上の野獣で人を滅ぼす災い
第5の封印	●神の言葉と自分たちがたてた証のために殺された人々の魂が出てきて「地に住む者に血の復讐を」と叫んだ
第6の封印	●大地震が起き、太陽は暗くなり、星が地上に落ちた
第7の封印	●7人の天使が現れ、天使には7つのラッパが与えられた

↓

7人の天使たちが順番にラッパを吹いた

第1の天使	●血の混じった雹と火が地上に投げ入れられた
第2の天使	●火で燃えている大きな山が海に投げ入れられた 海の生き物とすべての船の3分の1が滅んだ
第3の天使	●燃える星が川と水源に落ちて水の3分の1は苦くなり多くの人が死んだ
第4の天使	●太陽と月、星の3分の1が失われ地上は暗くなった
第5の天使	●星が落ちて底なしの淵に通じる穴が開かれ、煙がそこから立ちのぼり、いなごの群れが出て人を襲った
第6の天使	●人間の3分の1を殺す4人の天使が解き放たれた
第7の天使	●最後の審判のときが来たことが宣言された

↓

さらに7人の天使が順番に7つの鉢から神の怒りを注いだ

↓

神の最後の審判により、死者が選別される → **新しいエルサレムが用意され天から降りてくる**

壮大な宇宙的スケールの描写
最後の審判

［マタイによる福音書24・25章、ヨハネによる福音書5章、ヨハネ黙示録20章］

しばしば絵画のモチーフとして描かれる最後の審判だが、神の裁きが下るその厳粛な瞬間をミケランジェロの壁画から探ってみよう。

●最後の審判

最後の審判とは、この世の最後のときにイエスが神として再び現れ、地上のすべての人を天国行きと地獄行きとに分ける審判をいう。その瞬間が来ること自体はイエス自身が語ったといわれており、**ヨハネの黙示録《もくしろく》**にも最後の裁きの記述が見られる。信者はこの最後の審判のときに、自分がイエスから天国に行く者に選ばれることを信仰の最終的な目標とし、絶望的な迫害の日々のなかで唯一の希望としていた。

●ミケランジェロが描いた最後の審判

最後の審判は多くの画家のモチーフとなったが、**ミケランジェロ**が描いた**システィーナ礼拝堂***の大壁画がもっとも名高い。ミケランジェロは上には天国、下にはおどろおどろしい地獄を描き、宇宙的スケールのドラマに仕上げている。上の中央にはイエスと聖母マリア、その周囲にはペテロやパウロなどイエスの使徒と聖人たち、イエスのすぐ下には神の怒りに恐れおののきラッパを吹く天使を描いている。

おびただしい人のなかで、特定できる人物も少なくない。中央でグロテスクな生皮とナイフを手にした人物はアルメニアで殉教した12使徒の1人、**ナタナエル（聖バルトロマイ）**だ。生きたまま生皮を剥がされたという伝説にもとづいて描かれている。

中央右で大きな鍵を持った人物はもちろんイエスから天国の鍵を預かったペトロである。そのほか洗礼者ヨハネ、エックス字型の十字架を持ったアンデレの姿も認められる。右ページの写真を見ながら絵の中の登場人物を推理してみてはいかがだろう。

＊ヴァチカンのサン・ピエトロ寺院の裏にあるローマ法王の礼拝堂。壁画は20世紀末に大規模な修復作業を終えたばかり

ミケランジェロの最後の審判

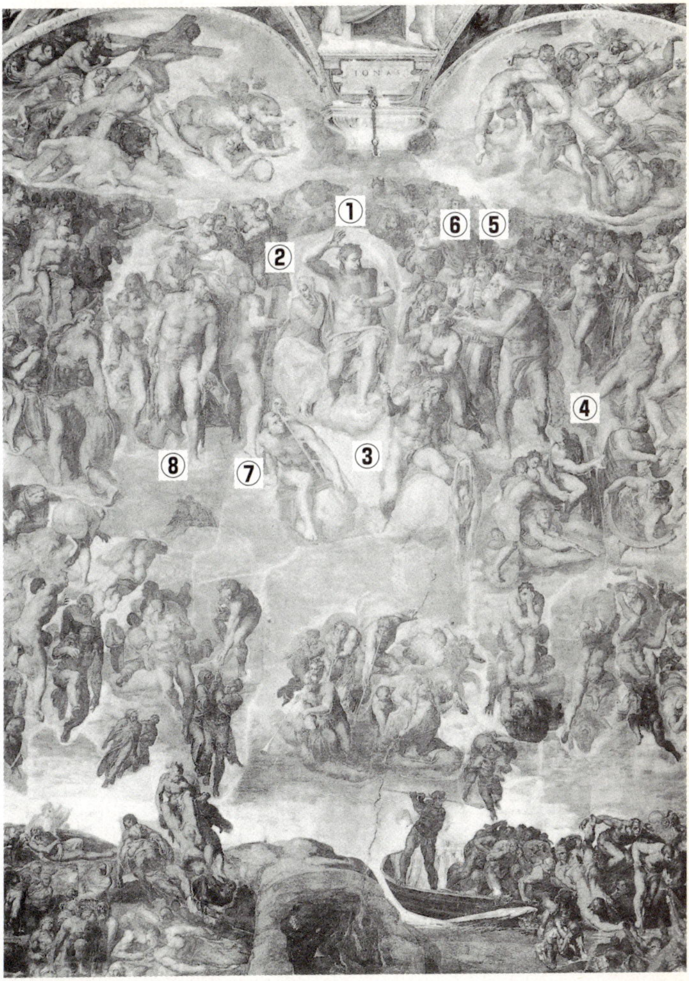

システィーナ礼拝堂（ヴァチカン）　①イエス　②聖母マリア　③ナタナエル　④フィリポ　⑤ペトロ　⑥パウロ　⑦アンデレ　⑧洗礼者ヨハネ

運命に翻弄される栄光の都

エルサレムの崩壊

イエスが預言した通り、エルサレムの町はローマ軍によって破壊され、ユダヤの人々は迫害を逃れ世界各地に散り散りになった。

●エルサレムの炎上

イエスは、死の直前次のように述べていた。「エルサレムが軍隊に囲まれるのを見たら、その滅亡が近づいたことを悟りなさい。(中略)この地には大きな苦しみがあり、(中略)人々は剣の刃に倒れ、捕虜となってあらゆる国に連れて行かれる。異邦人の時代が完了するまで、エルサレムは異邦人に踏み荒らされる」(ルカ21-20・23・24)。また「一つの石も崩されずに他の石の上に残ることのない日が来る。」(ルカ21-6) とエルサレムの神殿の崩壊も予告している。イエスの死後30年たって、彼が予言したことが現実のものとなったのだ。

事の発端《はったん》はエルサレムに派遣されていたローマ総督、**フロールス**が略奪《りゃくだつ》の限りを尽くしたばかりか、神殿の財宝にも手をつけたため、ユダヤ人の怒りを買ったことにある。ユダヤの民はついにローマに対して反乱を引き起こした。66年のことである。ユダヤ人の反乱は4年間続いたが、70年にはローマの皇帝、**ウェスパシアヌス**の子、ティトゥスによってエルサレムの町に火が付けられ、町は破壊され尽くした(**ユダヤ戦争**)。このとき多くのユダヤ人が捕虜として連行されたのである。

他方、ヘロデ大王が築いた**マサダの砦《とりで》**に立てこもっていたユダヤ人はさらに徹底抗戦を続けたが、エルサレムの陥落から2年後には全員(960人)が自決して果てた。以降、イスラエルが建国されるまでの間、ユダヤ人は“国なき民”として世界各地に散り散りになった。

なお、このユダヤ戦争の際、エルサレムのユダヤ人キリスト教徒は「イエスの預言の成就、最後の審判の瞬間」と受け取り、傍観者としての立場をとったのだった。

第1次ユダヤ戦争

時期	できごと
66年頃	●ゲッシウス・フロールスが総督となる 町々を略奪しただけでなく、神殿の財宝にも手をつけたことからユダヤ人の反発が高まる
66年	●第1次ユダヤ戦争勃発 初戦はユダヤ人が勝利し、シリアからやってきた2万の兵を敗走させた
67年	●ウェスパシアヌスが6万の軍を従えてガリラヤに入る →ガリラヤ抵抗戦線壊滅 ユダヤ人はエルサレムに敗走する
69年	●ウェスパシアヌスが皇帝になる ●息子ティトゥスをローマ軍の司令官に任命
70年	●エルサレムを攻撃し、神殿を破壊する ●ヘロディオンやマケルスも陥落
71年	●ティトゥス、ローマに大量のユダヤ人捕虜を従え、凱旋行進をする
73年	●徹底抗戦をしていたマサダ陥落 女、子どもを含む960人が自決したという説もある

ウェスパシアヌス帝を描いたコイン

エルサレムの城壁

マサダの砦

Column

現代のキリスト教

今日キリスト教はヨーロッパ、南北アメリカ大陸を中心に、世界中に広がっている。洗礼を受けた人の数は16億人。これは第2位のイスラム教、第3位のヒンドゥー教の信者を合わせた数とほぼ同じになる。そして長い歴史のなかで多くの宗派も生まれた。

①**カトリック**……ローマ法王を頂点とする巨大な組織。神と人を仲介する者として神父が存在している。また聖母マリアを「聖なる女性」として信仰している。

②**プロテスタント**……カトリックに対する批判から生まれたものでルターによるルーテル教会、カルヴァンによるカルヴァン派諸教会、バプテスト系諸教会などに分かれる。神と人が直接人格的関係を持つという特徴がある。

③**東方正教会**……ギリシア正教会やロシア正教会、アルメニア教会、コプト教会など。教義はカトリックに似ているが、離婚、再婚を認めていることやイコンと呼ばれる絵を用いるところなどが異なっている。

④**英国国教会**……ヘンリー8世の離婚問題に端を発した英国独自のもの。プロテスタントに含むと見られることもある。

巻末資料

聖書関連地図 1 旧約聖書の舞台

アララト山
カスピ海
ハラン
チグリス川
ニネベ
アッシリア
アシュル
ユーフラテス川
バビロン
スサ
シリア砂漠
ニップール
バビロニア
ウル
アラビア半島
ペルシア湾

聖書関連地図 2 新約聖書の舞台

黒海
トロアス
アソス
アジア
ペルガモン
ミティリネ
ガラテア
アンティオキア
イコニオン
リストラ
デルベ
エフェソ
ミレトス
アタリア
ペルゲ
タルソス
アンティオキア
セレウキア
キリキア
クニドス
パタラ
ミラ
シリア
サラミス
キプロス
フェニキア
パフォス
ダマスコ
シドン
ティルス
プトレマイス
ガリラヤ
カイサリア
ヤッファ
エルサレム
ユダヤ
エジプト

● 巻末資料

聖書関連地図 3 旧約聖書時代のパレスチナ

シドン
ベト・レホブ
ヘルモン山
ダマスコ
アラム
ティルス
ダン
ハツォル
ゲシュル
キション川
ガリラヤ湖
地中海
カルメル山
タボル山
メギド
イズレエル平野
ギレアド
ギルボア山
ベト・シェアン
シャロン
ヨルダン川
ヤベシュ
サマリア
シケム
マナハイム
エフライム
シロ
ラバ
ベテル
ギルガル
アンモン
ミツパ
エリコ
ギブオン
エルサレム
アシュドド
ベツレヘム
ユダの荒野
アシュケロン
ガト
死海
ガザ
ヘブロン
エン・ゲディ
ペリシテ
ネゲブ
マサダ
モアブ
ベエル・シェバ
ソドムとゴモラ

聖書関連地図 4 新約聖書時代のパレスチナ

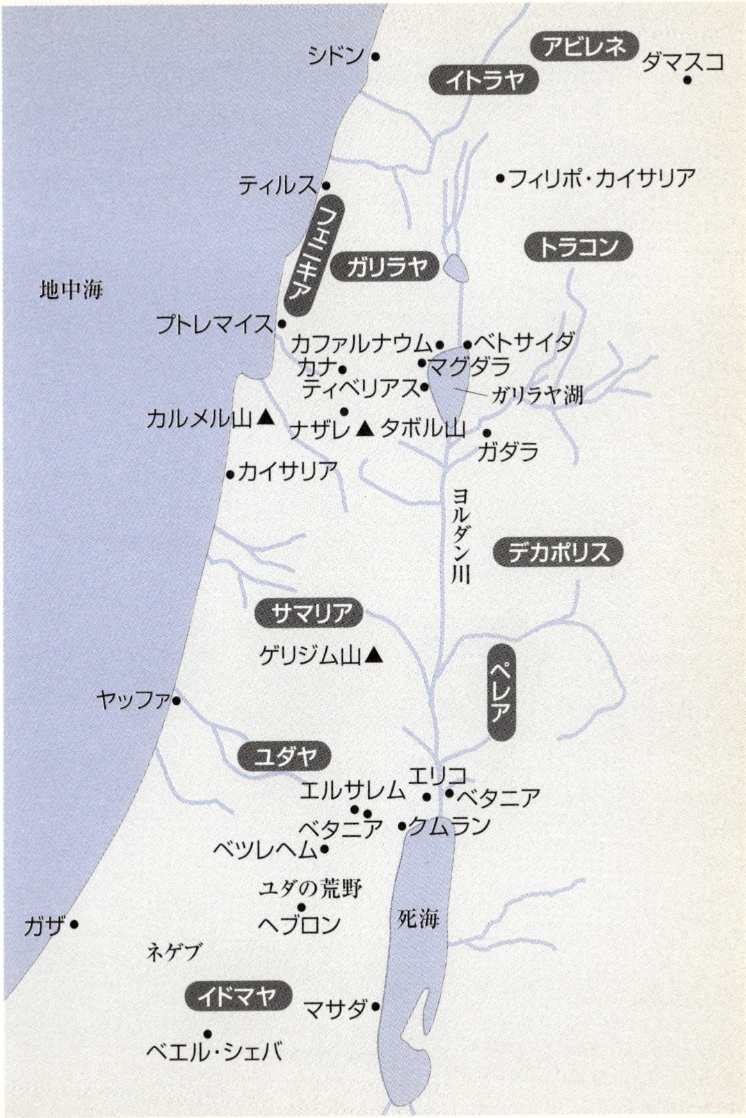

アビレネ
シドン
ダマスコ
イトラヤ
ティルス
フィリポ・カイサリア
フェニキア
トラコン
ガリラヤ
地中海
プトレマイス
カファルナウム
ベトサイダ
カナ
マグダラ
ティベリアス
ガリラヤ湖
カルメル山
ナザレ
タボル山
ガダラ
カイサリア
ヨルダン川
デカポリス
サマリア
ゲリジム山
ペレア
ヤッファ
ユダヤ
エリコ
エルサレム
ベタニア
ベタニア
クムラン
ベツレヘム
ユダの荒野
ヘブロン
死海
ガザ
ネゲブ
イドマヤ
マサダ
ベエル・シェバ

聖書関連年表

年代 （B.C.）	イスラエル、パレスチナ周辺	そのほかの地域
7000年頃	●エリコに最古の都市文明	
		●3500年頃、メソポタミア南部にシュメール人による都市文明出現 ●3000年頃、エジプトに統一国家 ●2550年頃、エジプトのクフ王らが大ピラミッドを建設
1900〜 1700年頃	●族長アブラハム、イサク、ヤコブの時代。ヤコブ一家はエジプトへ移住	●1792年、バビロン第1王朝、ハムラピ王即位
1500年頃	●カナン都市国家の繁栄	
1250年頃	●モーセ率いるイスラルの民がエジプトを脱出（出エジプト）。荒野を40年間放浪する	●1279年、エジプト第19王朝、ラメセス2世即位
1200年頃	●「海の民」の攻撃を受ける。パレスチナ南部の海岸平野にペリシテ人定住	●シリアにアラム人国家群出現
1200〜 1100年頃	●ヨシュア率いるイスラエルの民がカナンに定着 ●ヨシュアの死後は、デボラ、サムソンなど士師の時代に	
1020年頃	●サウルがイスラエルの初代王になる	●ティルス、シドンなどフェニキア人都市国家繁栄
1005年頃	●サウル王戦死。ダビデがイスラエルの2代目王となる	
1000年頃	●ダビデ王、エルサレムに遷都	
965年	●ソロモンがイスラエルの3代目王に即位。ソロモンの栄華	

年代（B.C.）	イスラエル、パレスチナ周辺	そのほかの地域
926年	●ソロモン王没 ●イスラエルは北王国（イスラエル王国）と南王国（ユダ王国）に分裂	
924年頃	●イスラエル王国でヤロブアム即位。ユダ王国でレハブアム即位	
878年	●イスラエル王国第6代王オムリ、サマリアに遷都	
721年	●アッシリア王サルゴン2世がサマリアを陥落。イスラエル王国滅亡	
621年頃	●ユダ王国第16代王ヨシヤの宗教改革	●625年、バビロンに新バビロニア王国成立
609年	●ヨシヤ王、エジプト軍を迎え撃とうとして、メギドで憤死	●605年、新バビロニアのネブカドネツァル2世、カルケミシュの戦いでエジプト軍を破る
597年	●新バビロニア軍がエルサレムを包囲。第1回バビロン捕囚	
586年	●新バビロニア軍がエルサレムを陥落、ユダ王国滅亡。第2回バビロン捕囚	
582年	●第3回バビロン捕囚	●539年、ペルシア王キュロスが新バビロニアを滅ぼす
538年	●ペルシア王キュロスの勅令により、捕囚の民の帰還が始まる。ユダヤとサマリアはペルシアの属州となる	
515年	●エレサレムの神殿が再建される。第二神殿完成	
445年頃	●ネヘミヤの改革 ●エルサレムの城壁修復	
397年頃	●エズラの改革。この頃、初期ユダヤ教の成立か？	

年代（B.C.）	イスラエル、パレスチナ周辺	そのほかの地域
332年	●パレスチナ、アレクサンドロス大王に制圧される	●333年、マケドニア王アレクサンドロスがペルシア帝国を破る
301年	●パレスチナ、プトレマイオス朝エジプトの支配下に入る	●アレクンドロスの死後、シリアにセレウコス朝、エジプトにプトレマイオス朝が成立
198年	●パレスチナ、セレウコス朝シリアの支配下に入る	
167年	●シリアのアンティオコス4世がユダヤ教を弾圧。エルサレム神殿奪われる	
167～163年	●マカバイ（別名ハスモン）家の祭司マタティアを指導者にユダヤ人が反乱。神殿の奪取に成功（マカバイ戦争）	
142年	●ハスモン朝の成立。この時期ユダヤは事実上の独立を達成。この頃、サドカイ派とファリサイ派が現れる	
130年頃	●クムラン教団（エッセネ派）の成立	
63年	●ローマの将軍ポンペイウスがユダヤを征服し、ローマの属州シリアに併合	
37年	●ヘロデがエルサレムを陥落。ハスモン時代終焉。ヘロデはローマ帝国よりユダヤ王に任命される	
27年	●ガリラヤがローマの属州となる。ヘロデ王がカイサリアなどの建設を開始	●27年、ローマ帝政を開始
20年	●ヘロデ王がエルサレム神殿の再建に着手	
6年頃	●ナザレのイエス誕生	
4年	●ヘロデ王没	

年代（A.D.）	イスラエル、パレスチナ周辺	そのほかの地域
6年	●ユダヤがローマの属州となる	
10年頃	●タルソスでパウロ誕生	
28年頃	●洗礼者ヨハネが宣教活動 ●イエス洗礼	
26～36年	●ポンテオ・ピラトが、イドマヤ、ユダヤ、サマリアの総督を務める	
28年頃	●ヘロデ・アンティパス、洗礼者ヨハネを処刑	
30年頃	●ユダの裏切り。イエス、エルサレムで磔刑により死亡 ●この頃、原始エルサレム教会の成立か	
33年頃	●最初の殉教者ステファノの石打ち刑 ●パウロの回心	
47年	●パウロの第1回宣教旅行	
41～44年	●ヘロデ・アグリッパがユダヤの国王を務める。ローマと友好な関係を結び、ユダヤ人の支持も得る	
49～52年	●パウロの第2回宣教旅行	
53～56年頃	●パウロの第3回宣教旅行	
64年頃	●熱心党の活動	●64年、ローマ大火。皇帝ネロ、キリスト教徒を迫害 ●65年頃、ローマでペトロとパウロ殉教
66～70年	●第1次ユダヤ戦争	
70年	●ローマ軍エルサレムを包囲。神殿に火が放たれ、エルサレム陥落	
74年	●マサダの砦陥落	

聖書の系図 1 アダムからアブラハムまで

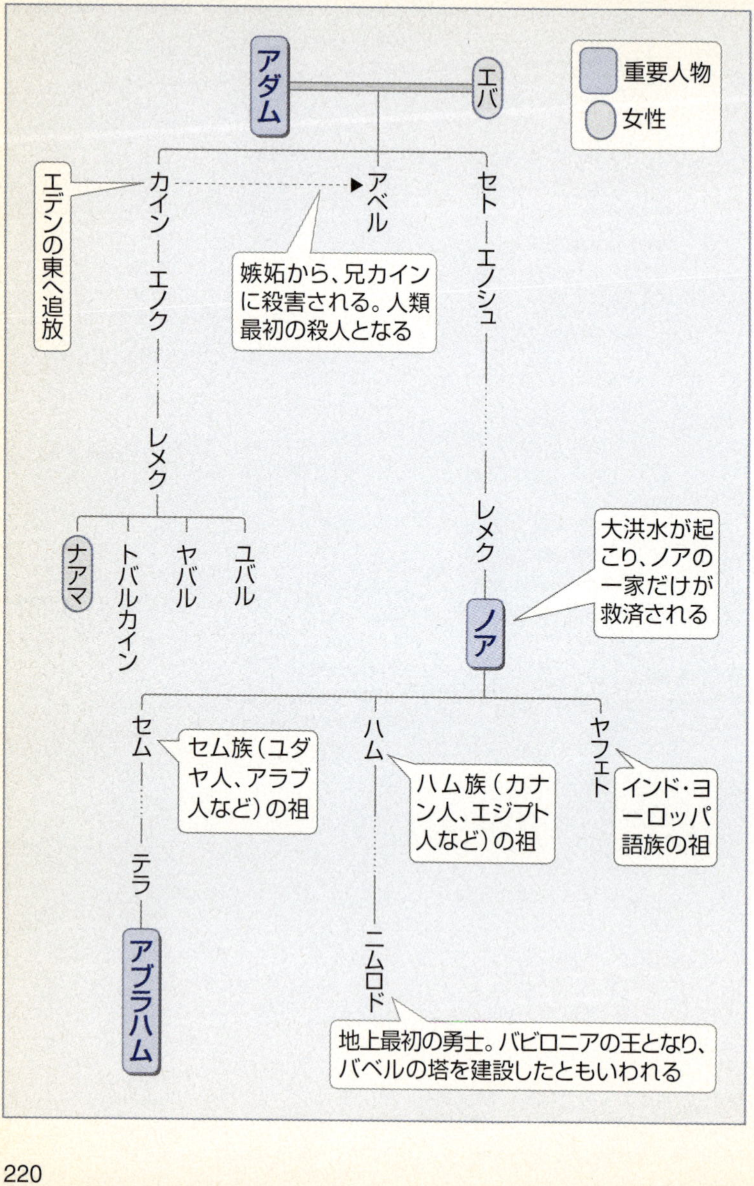

アダム
エバ
重要人物
女性
カイン
エデンの東へ追放
アベル
嫉妬から、兄カインに殺害される。人類最初の殺人となる
セト
エノク
エノシュ
レメク
ナアマ
トバルカイン
ヤバル
ユバル
レメク
ノア
大洪水が起こり、ノアの一家だけが救済される
セム
セム族（ユダヤ人、アラブ人など）の祖
ハム
ハム族（カナン人、エジプト人など）の祖
ヤフェト
インド・ヨーロッパ語族の祖
テラ
アブラハム
ニムロド
地上最初の勇士。バビロニアの王となり、バベルの塔を建設したともいわれる

聖書の系図 2 アブラハムからヤコブまで

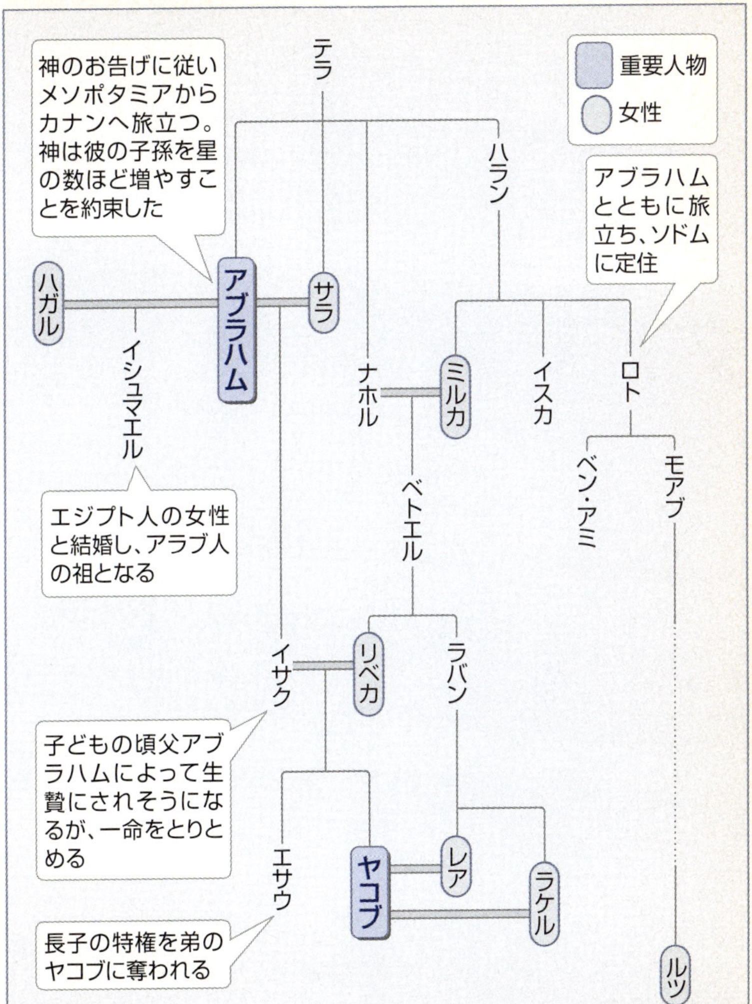

聖書の系図 ❸ ヤコブからダビデまで

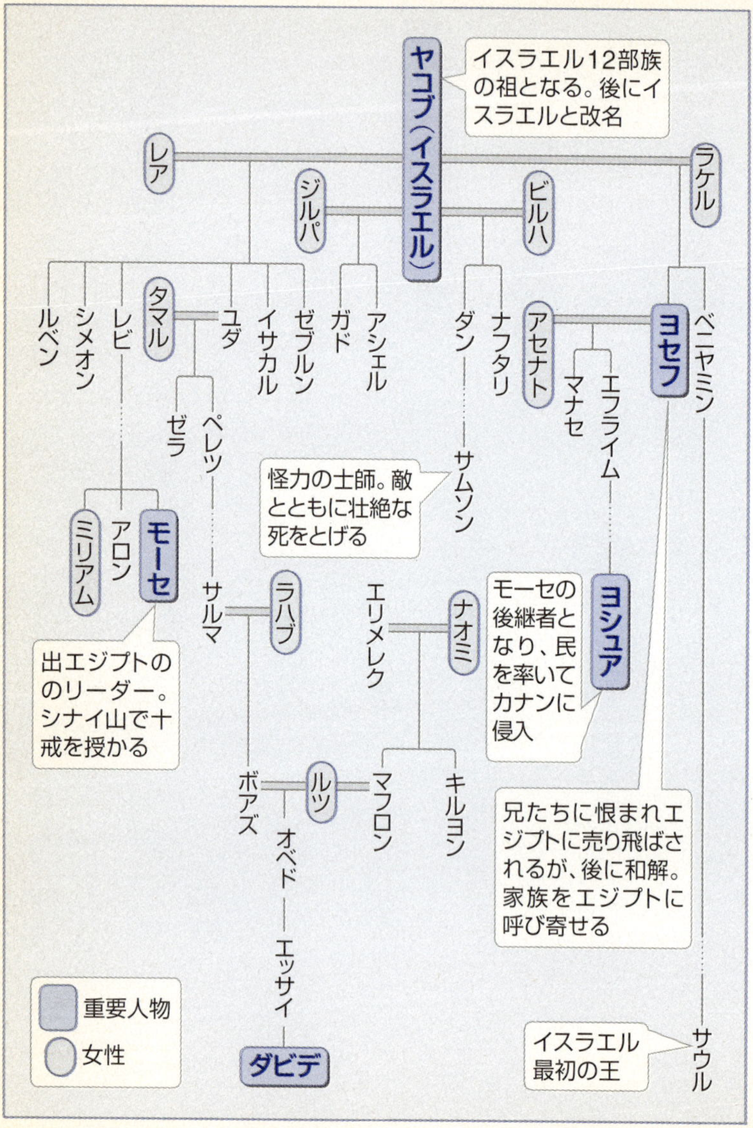
ヤコブ（イスラエル）
イスラエル12部族の祖となる。後にイスラエルと改名
レア
ラケル
ジルパ
ビルハ
ルベン
シメオン
レビ
タマル
ユダ
イサカル
ゼブルン
ガド
アシェル
ダン
ナフタリ
アセナト
ヨセフ
ベニヤミン
ゼラ
ペレツ
マナセ
エフライム
サムソン
怪力の士師。敵とともに壮絶な死をとげる
ミリアム
アロン
モーセ
出エジプトのリーダー。シナイ山で十戒を授かる
サルマ
ラハブ
エリメレク
ナオミ
ヨシュア
モーセの後継者となり、民を率いてカナンに侵入
ボアズ
ルツ
マフロン
キルヨン
オベド
エッサイ
ダビデ
兄たちに恨まれエジプトに売り飛ばされるが、後に和解。家族をエジプトに呼び寄せる
イスラエル最初の王
サウル
重要人物
女性

聖書の系図 4 ダビデからイエスまで

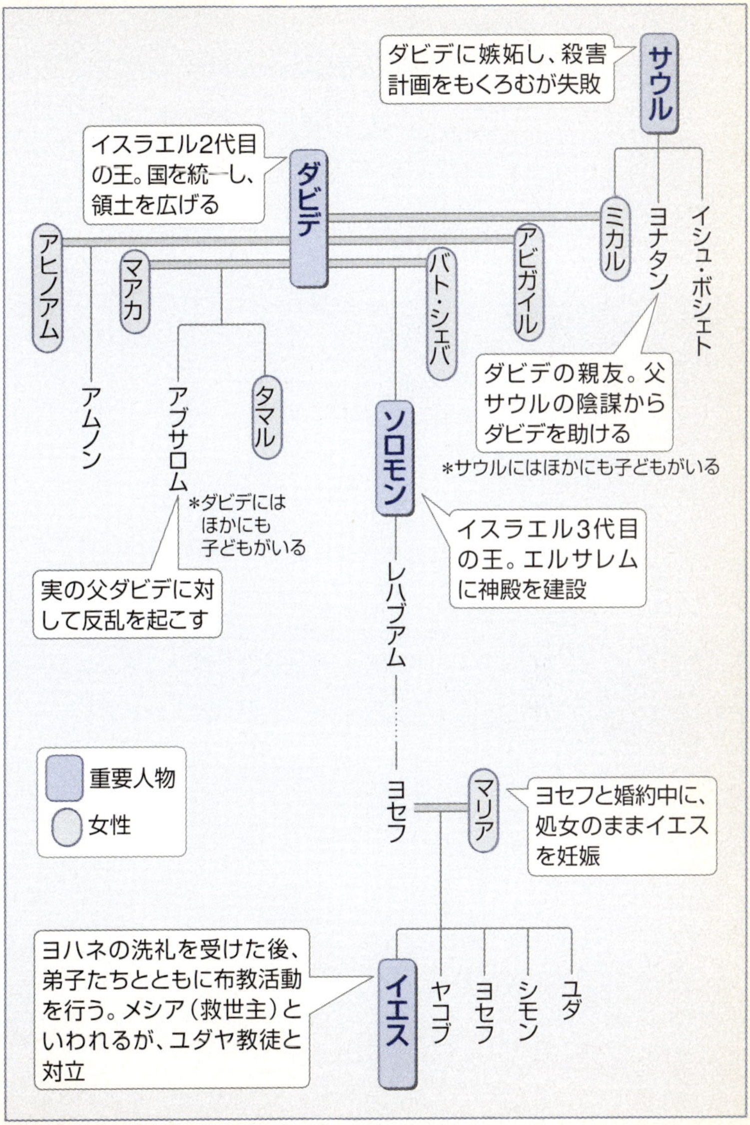

サウル
ダビデに嫉妬し、殺害計画をもくろむが失敗
ミカル
ヨナタン
イシュ・ボシェト
ダビデの親友。父サウルの陰謀からダビデを助ける
＊サウルにはほかにも子どもがいる
ダビデ
イスラエル2代目の王。国を統一し、領土を広げる
アヒノアム
マアカ
バト・シェバ
アビガイル
アムノン
アブサロム
タマル
＊ダビデにはほかにも子どもがいる
実の父ダビデに対して反乱を起こす
ソロモン
イスラエル3代目の王。エルサレムに神殿を建設
レハブアム
ヨセフ
マリア
ヨセフと婚約中に、処女のままイエスを妊娠
イエス
ヤコブ
ヨセフ
シモン
ユダ
ヨハネの洗礼を受けた後、弟子たちとともに布教活動を行う。メシア（救世主）といわれるが、ユダヤ教徒と対立
重要人物
女性

巻末資料

人名によく用いられる聖書の人物名

聖書の名	英語	フランス語	イタリア語	スペイン語
アブラハム	エイブラハム	アブラーム	アブラーモ	アブラハム
サラ	サラ	サラ	サーラ	サラ
イサク	アイザック	イザアク	イザッコ	イサク
ダビデ	デヴィッド	ダヴィッド	ダーヴィデ	ダビド
ヨナタン	ジョナサン	ジョナタン	ジョーナタ	ホナタン
ヨシュア	ジョシュア	ジョズエ	ジョスエ	ホスエ
エリア	イライジャ、 イライアス	エリ	エリア	エリアス
ダニエル	ダニエル	ダニエル	ダニエーレ	ダニエール
ミカエル	マイケル	ミシェル	ミケーレ	ミゲル
ガブリエル	ガブリエル	ガブリエル	ガブリエーレ	ガブリエール
マリア	メリー	マリー	マリア	マリア
ヨセフ	ジョゼフ	ジョゼフ	ジュゼッペ	ホセ
ヨハネ	ジョン	ジャン	ジョヴァンニ、 ジャンニ	ファン
エリザベト	エリザベス	エリザベット	エリザベッタ	イザベル

	ドイツ語	説明	使用例
	アーブラハム	イスラエルの祖	エイブラハム・リンカーン（アメリカ大統領）
	ザーラー	アブラハムの妻	サラ・ボーン（ジャズシンガー）
	イーザーク	アブラハムの子	アイザック・スターン（バイオリニスト）
	ダーフィト	イスラエルの王	デヴィッド・ボウイ（ロックアーチスト）
	ヨーナタン	ダビデの親友	『かもめのジョナサン』（小説のタイトル）
	ヨーズア	モーセの後継者	ジョシュア・ツリー（サボテン科の植物）
	エリーアス、ヘリアス、イリア	預言者	イライジャ・ウッド（俳優）
	ダニエル	預言者	ジャック・ダニエル（洋酒）
	ミヒャエル、ミッヒェル	大天使	マイケル・ジャクソン（ミュージシャン）
	ガーブリエル、ガブリエーラ	大天使	ピーター・ガブリエル（ミュージシャン）
	マリア	イエスの母親	マリー・アントワネット（フランス王妃）
	ヨーゼフ	イエスの父親	ジョゼフ・コンラッド（作家） ヨーゼフ・ハイドン（作曲家）
	ヨハネス、ハンス、ヨハン	洗礼者ヨハネ、福音書記者	ジョン・レノン（元ビートルズのメンバー）
	エリザベト	洗礼者ヨハネの母親	エリザベス女王

人名によく用いられる聖書の人物名

聖書の名	英語	フランス語	イタリア語	スペイン語
ペトロ	ピーター	ピエール	ピエトロ	ペドロ
アンデレ	アンドルー	アンドレ	アンドレア	アンドレス
バルトロマイ	バーソロミュー	バルテルミー	バルトロメオ	バルトロメ
ヤコブ	ジェイムズ	ジャック	ジャコモ	ハイメ
マティア	マサイアス	マティア	マッティーア	マティアス
フィリポ	フィリップ	フィリップ	フィリッポ	フェリーペ
トマス	トマス	トマ	トンマーゾ	トマス
ヨハナ	ジョアンナ	ジャンヌ	ジョヴァンナ	ファナ
ステファノ	スティーヴン	エティエンヌ、ステファン	ステファノ	エステバン
パウロ	ポール	ポール	パオロ	パブロ
マルコ	マーク	マルク	マルコ	マルコス、マルコ
マタイ	マシュー	マテュー	マッテオ	マテオ
ルカ	ルーク	リュック	ルーカ	ルカス
テモテ	ティモシー	ティモテ	ティモーテオ	ティモテオ

ドイツ語	説明	使用例
ペトルス、ペーター	イエスの12使徒の1人	ピーター・ラビット（絵本の主人公）
アンドレアス	ペトロの弟	アンドレ・アガシー（テニスプレーヤー）
バルトロメウス	イエスの12使徒の1人	バルトロメ島（ガラパゴス諸島の1つ）
ヤコブス、ヤーコップ	イエスの12使徒の1人	ジェイムズ・ディーン（俳優）
マティーアス	イエスの12使徒の1人	ショーン・マサイアス（映画監督）
フィリップス、フィリップ	イエスの12使徒の1人	フィリップ・モリス（タバコの銘柄）
トマス	イエスの12使徒の1人	トマス・ジェファーソン（アメリカ独立宣言を作成）
ヨハンナ	イエスの世話をした女性	ジャンヌ・ダルク（フランスの聖女）
シュテファヌス、シュテファン	イエスの死後、最初に迫害された	スティーヴン・スピルバーグ（映画監督）
パウルス、パウル	イエスの死後伝道活動を行い布教に尽力した	ポール・マッカートニー（元ビートルズのメンバー）
マルクス、マルク	福音書の記者	マーク・ハミル（俳優）カール・マルクス（経済学者）
マテウス	福音書の記者	マテウス・ロゼ（ワイン名）
ルーカス	福音書の記者	ジョージ・ルーカス（映画監督）
ティモテウス	パウロの協力者	ティム・ロス（俳優）

聖書名言集〜心に残る聖書の言葉〜

旧約聖書

――初めに、神は天地を創造された。地は混沌《こんとん》であって、闇が深淵の面《おもて》にあり、
神の霊が水の面を動いていた。神は言われた。
「光あれ。」
こうして、光があった。 (創世記1–1〜3)

■ 旧約聖書の有名な書き出し。「こうして、光があった」は欧米では日常「こうして、○○があった」というように好んで使われる。

――ついに、これこそ　わたしの骨の骨わたしの肉の肉。 (創世記 2–23)

■ アダムがエバを迎えたときの言葉。生涯の伴侶にめぐり会ったときに。

――神よ、わたしを憐《あわ》れんでください
御慈《おんいつく》しみをもって。
深い御憐れみをもって
背《そむ》きの罪をぬぐってください。
わたしの咎《とが》をことごとく洗い
罪から清めてください。 (詩編51–3〜4)

■ ダビデが不義をはたらき、ナタンの指摘にめざめて悔い改めるときの言葉。

――何事にも時があり
天の下《した》の出来事にはすべて定められた時がある。
生まれる時、死ぬ時
植える時、植えたものを抜く時
殺す時、癒《いや》す時
破壊する時、建てる時
泣く時、笑う時
嘆く時、踊る時（中略）
愛する時、憎む時
戦いの時、平和の時。 (コヘレトの言葉3–1〜4・8)

■ 1993年9月13日、PLOのアラファト議長とイスラエルのラビン首相がパレスチナの暫定自治協定を結んだとき、ラビン首相が行ったスピーチで引用された言葉。

新約聖書

——人はパンだけで生きるものではない。神の口から出る一つ一つの言葉で生きる。
（マタイによる福音書4－4）

——心の貧しい人々は、幸いである、天の国はその人たちのものである。
悲しむ人々は、幸いである、その人たちは慰められる。
柔和な人々は、幸いである、その人たちは地を受け継ぐ。
義に飢え渇く人々は、幸いである、その人たちは満たされる。
憐れみ深い人々は、幸いである、その人たちは憐れみを受ける。
心の清い人々は、幸いである、その人たちは神を見る。
平和を実現する人々は、幸いである、その人たちは神の子と呼ばれる。
義のために迫害される人々は、幸いである、天の国はその人たちのものである。
（マタイによる福音書5－3～10）

■ イエスが行った山上の説教の有名な句。このほかにも山上の説教では心に残る有名な句がたくさんある。

——あなたがたは地の塩である。だが、塩に塩気がなくなれば、その塩は何によって塩味が付けられよう。もはや、何の役にも立たず、外に投げ捨てられ、人々に踏みつけられるだけである。あなたがたは世の光である。山の上にある町は、隠れることができない。
（マタイによる福音書5－13～14）

■ 同じく山上の説教から。地の塩＝岩塩は生きるために欠かせないものだった。非常に大切なもののことを地の塩になぞらえて言っている。

——だれかがあなたの右の頬を打つなら、左の頬をも向けなさい。
（マタイによる福音書5－39）

——だれかが一ミリオン行くように強《し》いるなら、一緒に二ミリオン行きなさい。求める者には与えなさい。あなたから借りようとする者に、背を向けてはならない。
（マタイによる福音書5－41～42）

■ 1ミリオンは約1,480m。

——敵を愛し、自分を迫害する者のために祈りなさい。
（マタイによる福音書5－44）

——施しをするときは、右の手のすることを左の手に知らせてはならない。
（マタイによる福音書6－3）

■ よい行いはこっそりわからないようにせよ、という意味。

——あなたがたは地上に富を積んではならない。そこでは、虫が食ったり、さび付いたりするし、また、盗人《ぬすびと》が忍び込んで盗み出したりする。富は、天に積みなさい。そこでは、虫が食うことも、さび付くこともなく、また、盗人が忍び込むことも盗み出すこともない。（マタイによる福音書6－19～20）

——だれも、二人の主人に仕えることはできない。一方を憎んで他方を愛するか、一方に親しんで他方を軽んじるか、どちらかである。あなたがたは、神と富とに仕えることはできない。（マタイによる福音書6－24）

——人を裁くな。あなたがたも裁かれないようにするためである。あなたがたは、自分の裁く裁きで裁かれ、自分の量《はか》る秤《はかり》で量り与えられる。あなたは、兄弟の目にあるおが屑は見えるのに、なぜ自分の目の中の丸太に気づかないのか。
（マタイによる福音書7－1～3）

——求めなさい。そうすれば、与えられる。探しなさい。そうすれば、見つかる。門をたたきなさい。そうすれば、開かれる。だれでも、求める者は受け、探す者は見つけ、門をたたく者には開かれる。あなたがたのだれが、パンを欲しがる自分の子供に、石を与えるだろうか。（マタイによる福音書7－7～9）

——狭い門から入りなさい。滅びに通じる門は広く、その道も広々として、そこから入る者が多い。しかし、命に通じる門はなんと狭く、その道も細いことか。それを見いだす者は少ない。（マタイによる福音書7－13～14）

■ アンドレ・ジッドの小説『狭き門』で知られている。

——新しいぶどう酒を古い革袋に入れる者はいない。そんなことをすれば、革袋は破れ、ぶどう酒は流れ出て、革袋もだめになる。新しいぶどう酒は、新しい革袋に入れるものだ。そうすれば、両方とも長もちする。
（マタイによる福音書9－17）

——疲れた者、重荷を負う者は、だれでもわたしのもとに来なさい。休ませてあげよう。（マタイによる福音書11－28）

——剣《つるぎ》をさやに納めなさい。剣を取る者は皆、剣で滅びる。

（マタイによる福音書26–52）

■ イエス逮捕にやってきた兵士をペトロが斬りつけたことに対して語った言葉。

——財産のある者が神の国に入るのは、なんと難しいことか。金持ちが神の国に入るよりも、らくだが針の穴を通る方がまだ易しい。

（ルカによる福音書18–24～25）

——家を建てる者の捨てた石、これが隅の親石《おやいし》となった。

（ルカによる福音書20–17）

■ 隅の親石とは、家の土台となるもっとも大切なもの。迫害された者がいずれその石になるとイエスが述べた言葉。もとは旧約聖書の詩編118–22～23にある。

——初めに言《ことば》があった。言は神と共にあった。言は神であった。この言は、初めに神と共にあった。万物は言によって成った。成ったもので、言によらずに成ったものは何一つなかった。言の内に命があった。命は人間を照らす光であった。光は暗闇の中で輝いている。暗闇は光を理解しなかった。

（ヨハネによる福音書１–１～５）

■ 旧約聖書の冒頭になぞらえて語られるヨハネの福音書の書き出し。

——一粒の麦は、地に落ちて死ななければ、一粒のままである。だが、死ねば、多くの実を結ぶ。（ヨハネによる福音書12–24）

■ エルサレムに入城してからイエスが処刑を予見して語った言葉。アンドレ・ジッドの小説『一粒の麦もし死なずば』で知られている。

——光は、いましばらく、あなたがたの間にある。暗闇に追いつかれないように、光のあるうちに歩きなさい。暗闇の中を歩く者は、自分がどこへ行くのか分からない。光の子となるために、光のあるうちに、光を信じなさい。

（ヨハネによる福音書12–35～36）

■ イエスが処刑される前、エルサレムで群衆を前にして語った言葉。光とはイエスを指している。

——わたしはアルファであり、オメガである。（ヨハネの黙示録１–８）

■ 神がみずからを語った言葉。ギリシア語のアルファベットでアルファははじめ、オメガは最後。つまりすべてであることを意味している。

聖書の人名&地名事典

旧約聖書の人名

ア

アダム
アダマー(塵)からつくられた最初の男性。エデンの園の管理を委ねられた。アダムはヘブライ語で「人」という意味。

アブサロム
ダビデの三男。妹タマルが異母兄アムノンに凌辱されたためアムノンを殺害。ダビデの復讐を恐れて逃亡したが、ダビデの将軍ヨアブのとりなしによって赦された。後にダビデに対して反乱を起こすが失敗する。

アブネル
サウルの従弟でサウルの軍の司令官だったが、後にダビデ軍へ寝返った。

アブラハム(アブラム)
ノアの息子セムの子孫で、イサクの父。最初の名前はアブラムだが、神の命でアブラハムと改名。イスラエル民族とアラブ民族の祖とされる。

アベル
アダムとエバとの次男。神への献げ物が原因で、兄のカインに妬まれ、殺された。

アレクサンドロス大王
マケドニアの王。在位はB.C.336年~B.C.323年頃。マケドニアからユダ、インダスまで支配した。

アロン
モーセの兄。持ち前の雄弁を生かして、モーセとともにイスラエル人のエジプト脱出の交渉を行った。イスラエル最初の大祭司となった。

イサク
アブラハムとサラの息子で、ヤコブとエサウの父。子どもの頃、アブラハムによって神への献げ物にされかけたが、神の声により一命をとりとめた。

イシュ・ボシェト
サウルの末子。父と兄たちの没後、サウルの従弟のアブネルの支持により王となったが、部下の将軍に暗殺された。

イシュマエル
アブラハムとハガルの間に生まれた息子。アラブ人の祖とされる。

エサウ
イサクとリベカの双子の長男で、弟はヤコブ。父であるイサクにはとくにかわいがられるが、自らの失敗と、ヤコブの策略により長子権を失う。

エステル
捕囚時代のユダヤ人女性。ペルシア王のクセルクセスの妃。

エズラ
バビロンに住んでいたユダヤ人祭司で書記官。バビロン捕囚からエルサレムに帰還した民の指導者。

エバ
アダムの肋骨からつくられた最初の女性。ヘブライ語で「生命」という意味。

エフタ
イスラエルの士師の1人。アンモン人を破りイスラエルを救ったが、神に立てた誓いに従い、1人娘を献げ物にしなければならなかった。

エリ
士師時代末期に活躍した士師の1人で、祭司でもあった。シロの聖所でサムエルの教育をした。

エリエゼル
アブラハムの従者の長。イサクの嫁を

捜す任務を与えられ、メソポタミアでリベカを探し出した。

エリシャ

B.C.9世紀後半にイスラエル王国で活躍した預言者。預言者エリヤの後継者にあたる。

エリヤ

イスラエル王国で、B.C.9世紀頃アハブ王の時代に活躍した偉大な預言者。アハブ王の妻イゼベルの持ち込んだバアル礼拝を徹底的に非難した。

カ

カイン

アダムとエバの長男。弟のアベルを殺したためエデンの東に追放された。

ギデオン

農夫の末息子だったが、神に選ばれ士師になった。農産物略奪のために毎年侵入するミディアン人を撃退しイスラエルを解放した。

キュロス王

ペルシアの王。在位はB.C.559 ～B.C.529年頃。新バビロニア帝国を倒し、ユダヤ人捕囚のパレスチナ帰還とエルサレム神殿の再建を許可した。

サ

サウル

イスラエル統一王国の最初の王で、在位はB.C.1020～B.C.1005年頃。ペリシテ人との戦いに敗れ自殺。

サムエル

イスラエル最後の士師で、預言者でもあった。イスラエルの初代王サウルと2代目王ダビデに油を注ぎ、彼らから宗教的な師として信頼されたが、後にサウルとは対立した。

サムソン

イスラエル12士師の最後の人物で、ペリシテ人との戦いに活躍した。超人的剛力に恵まれていた。

サラ(サライ)

アブラハムの妻。最初の名前はサライだが、神の命によりサラと改名。老年になってイサクを出産した。

シェバの女王

ソロモンの知恵と財宝を確かめるために金と香料を携えてソロモンの宮殿を訪れた彼女は、難問すべてに答えたソロモンの力量を褒めたたえた。シェバの国はアラビア南西部の現在のイエメンと考えられている。

ゼルバベル

捕囚帰還者の政治的指導者として祭司イエシュアとともにエルサレルに帰還。ユダヤの統治にあたり、エルサレム神殿の再建なども行った。

ソロモン

ダビデとバト・シェバの息子。ダビデの死後、イスラエル統一王国の王となった。在位はB.C.970～B.C.930年頃。優れた知恵の持ち主で、王国は繁栄を極めたが、バアルなど異教の神を持ち込んだことが神の怒りを買い、王国分裂のきっかけになった。

タ

ダニエル

バビロン捕囚によりバビロンへ拉致され、ネブカドネツァルの長官になるなど活躍したとされる歴史文学上の人物。

ダビデ

ベツレヘム出身。イスラエルの第2代の王となり(在位B.C.1010～B.C.970年頃)、首都エルサレムを築いて、契約の箱を安置した。部下の妻バト・シェバと姦淫した罪で神の怒りを買い、晩年は不幸が続いた。

デボラ

女性士師。バラクとその兵士1,000人とともに、シセラおよびカナン人と戦い、イスラエルに勝利をもたらした。

ナ

ナオミ
飢饉のためモアブに住んでいたが、夫と2人の息子が死に、嫁の1人ルツとともに故郷のベツレヘムに戻った。

ネブカドネツァル2世
新バビロニア帝国の王。B.C.605年にエジプト勢力をシリア・パレスチナから駆逐、B.C.597年にはユダ王国に侵入しユダヤ人を捕囚としてバビロンに連れ去った。

ネヘミヤ
ペルシア王に仕えていたが、捕囚後エルサレムに帰国。帰還後のユダヤ再建に尽力した。

ノア
アダムから10代目の子孫。世に悪がはびこる時代に敬虔に生きた人物。神は堕落した人類を滅ぼすために洪水を起こすが、ノアとその家族は滅ぼされなかった。

ハ

ハガル
アブラハムの妻サラの召使いで、エジプト人。イシュマエルの母親。

バト・シェバ
ダビデの部下ウリヤの妻だったが、ダビデに犯された。夫ウリヤはダビデに前線に赴任させられ戦死。後にダビデの妃となり、ソロモンを産む。

ベニヤミン
ヤコブの末息子で、母はラケル。兄のヨセフが行方不明になった後、父の寵愛を受ける。ベニヤミン族の祖といわれる。ベニヤミン族はユダ王国の一部となる。

ボアズ
ベツレヘムの裕福な地主で、ナオミの夫エリメレクの親戚。未亡人ルツの夫となりダビデの曽祖父となった。

マ

マタティア
B.C.167～B.C.163年のマカバイ戦争でユダヤ人の指導者として活躍。彼の死後は息子のユダ・マカバイが指導者となり、シリアに抵抗を続けた。

ミカル
サウルの娘で、ダビデの妻。サウルから逃れるダビデを助けたが、後に2人の関係は冷たくなり、生涯子どもは産めなかった。

モーセ
エジプトのイスラエル寄留民の息子として生まれたが、エジプト王女の養子として育てられた。成人した彼は、出エジプトの指導者となり、民を約束の地へと導くが、本人は約束の地に足を踏み入れる直前に世を去った。

ヤ

ヤコブ
イサクとリベカの双子の次男として生まれるが、兄エサウから長子権を奪った。天使と格闘した後に神からイスラエル（神と戦う者）の名を与えられ、彼の息子たちがイスラエル12部族の祖となった。

ヤロブアム
ソロモンに反逆したが、失敗したためエジプトに亡命。ソロモンの死後、イスラエルに帰国し、北方の10部族の支持を得て北王国イスラエルを樹立。初代の王となった。在位はB.C.924～B.C.903年頃。

ユダ
ヤコブの四男で、母はレア。イスラエル12部族の1つユダ族の祖となり、子孫にはダビデやイエスがいる。

ユダ・マカバイ(マカバイのユダ)
B.C.167〜B.C.163年のマカバイ戦争でユダヤ人の指導者として活躍し、シリアのアンティコス4世からエルサレム神殿を奪い返した。マカバイ一族はハスモン朝を樹立し、ローマ帝国に支配されるまで100年にわたり政治的独立を維持した。

ヨシヤ
ユダ王国の第16代王。在位はB.C.639〜B.C.609年頃。改修工事中の神殿から発見された「律法の書」に影響を受けて宗教改革を実行。歴代の王たちが異教に走るなど「悪い王」であったのに対して、ヨシヤは「良い王」であった。B.C.609年にメギドの戦いで戦死。

ヨシュア
モーセの後継者としてイスラエルの民をカナンへ導いた。約束の地を征服した後は、土地を分割しイスラエルの12部族に分配した。

ヨセフ
ヤコブの11男で、母はラケル。ヤコブから寵愛されたため兄弟には嫉妬された。エジプトに売られたが、その聡明さでエジプトの首相になり、その後父や兄弟と再会する。

ヨナ
「ヨナ書」に登場する預言者。神の命令を無視し船で逃亡したが、嵐になり、神が遣わした魚に飲み込まれる。魚の腹のなかで反省したヨナは、3日後に吐き出されると、神の命令を実行した。

ラ

ラケル
ラバンの末娘で、ヤコブの妻。ヤコブは彼女と結婚するため7年間ラバンに労力奉仕した。ヨセフとベニヤミンの母。ベニヤミンを産んだとき、難産で死んだ。

ラメセス2世
エジプト第19王朝のファラオ。B.C.1279〜1212年頃、エジプトを統治した。イスラエル人の出エジプトのときのファラオだという説もある。

リベカ
イサクの妻。双子の兄弟エサウとヤコブの母。次男ヤコブを寵愛し家督相続をさせた。

ルツ
モアブ人女性。イスラエル人の夫と死別した後、姑ナオミとともにベツレヘムへ行った。慣習に従いボアズの妻となって息子オベドを産んだ。オベドはダビデ王の祖父。

レア
ラバンの長女で、ラケルの姉。ヤコブの第1の妻。6人の息子と1人娘ディナを産んだ。

レハブアム
ソロモンの息子。統一王国が分裂した後、南王国ユダの王になった。在位はB.C.924 〜B.C.907年頃。

レビ
ヤコブとレアの三男。彼の子孫が、歴代の祭司となった。

ロト
アブラハムの甥。アブラハムとともにカナン地方にやって来てヨルダン低地のソドムに住んだ。ロトは、パレスチナの2つの民族モアブ人とアンモン人の祖先とされる。

新約聖書の人名

ア

アナニア

ダマスコの熱心なキリスト者。ダマスコに行く途上で目が見えなくなったパウロの目を治すため、神から遣わされた人物。

アンデレ

ペトロの弟。洗礼者ヨハネの弟子だったがイエスの最初の弟子の1人になった。

イエス

降誕はB.C.6〜B.C.7年。ユダヤのベツレヘムでマリアから生まれる。30歳頃、又従兄弟（はとこ）のヨハネから洗礼を受け、おもに12人の弟子とガリラヤ中心に各地で布教活動をした。数数の奇跡を行い人々の信仰を得たが、30年4月7日金曜日十字架刑に処せられた。活動期間はわずか3年あまりだった。

エリザベト

ザカリアの妻でヨハネの母。イエスの母マリアの従姉妹。イエスを身ごもっていたマリアの訪問を受け（聖母の訪問）、胎内の子が踊った。

サ

ザアカイ

エリコの徴税人。イエスを一目見ようと木に登って一行を待ち受けていたところイエスに声をかけられる。イエスを客人として迎えたことがきっかけで以降は貧しい人々のために財産を差し出したりしている。

ザカリア

洗礼者ヨハネの父で祭司。妻エリザベトが男子を産むと天使に告げられたが疑いを抱き、子どもが生まれ命名されるまで口がきけなくなった。

サロメ

ヘロデ・アンティパスと再婚したヘロディアの連れ子。オスカー・ワイルドの悲劇『サロメ』で有名。

シモン

12使徒の1人で、熱心党の出身者。

シモン（ペトロ）

ペトロはシモンの副名。12使徒の最初の使徒の1人。イエス逮捕時使徒であることを隠し3度知らないと言ったが、イエスの死後使徒のリーダー的存在として布教に努めた。

タ

タダイ

イエスの12使徒の1人。ユダともいわれる。

トマス

イエスの12使徒の1人。復活のイエスが使徒たちの前に現れたときに居合わせなかったので、復活を信じないと断言。イエスがトマスの前に現れ傷跡をさわらせたため、ようやく納得した。

ナ

ナタナエル

ガリラヤのカナ出身。友人のフィリポのすすめによりイエスをキリストと信じた。12使徒の1人。

ハ

パウロ

もとの名をサウロという。はじめはユダヤ教の信者で、イエスの信者らを迫害していたが、ダマスコでの不思議な体験によってキリスト者に回心し、異邦人に対して熱心に布教活動をした。

バラバ

イエスの代わりに釈放された盗賊。

ピラト

第5代ユダヤのローマ人総督（26〜36年）で、イエスの裁判を主宰した。

フィリポ

イエスの12使徒の最初の使徒の1人。ガリラヤのベトサイダ出身。

ヘロデ・アンティパス

ヘロデ大王の子。弟の死後その妻ヘロディアと結婚しヨハネに非難される。ヘロディアの陰謀によりヨハネを斬首刑にせざるを得なくなった。

ヘロディア

ヘロデ・アンティパスの義理の妹だったが、後に彼の妻になる。連れ子の娘サロメを使って、洗礼者ヨハネの首をはねさせた。

ヘロデ大王

ローマ皇帝からユダヤ王に任命された。在位はB.C.37〜B.C.4年。イエスが生まれたとき王位が危ぶまれると考え、ベツレヘムの2歳以下の男子を皆殺しにした。

マ

マタイ

アルファイの子でレビともいわれる。徴税人からイエスの12使徒の1人となった。

マリア

イエスの母、ヨセフの妻。ヨセフと婚約中に天使が現れメシア（救い主）を身ごもったと告知される。ユダヤのベツレヘムで初子を産み1週間後にイエスと命名する。

マリア（マグダラの）

かつて「7つの悪霊」に悩まされていたがイエスによって救われ、イエスに従った。復活後のイエスに最初に出会った女性。

ヤ

ヤコブ（アルファイの子）

イエスの12使徒の1人。12使徒のもう1人のヤコブと区別するため、小ヤコブともいわれる。

ヤコブ（ゼベダイの子）

使徒ヨハネの兄弟でイエスの12使徒の1人。12使徒のもう1人のヤコブと区別するため大ヤコブといわれる。ヨハネとともにイエスから雷の子とあだ名される。ヘロデ・アグリッパ1世によって処刑された。

ユダ（イスカリオテの）

イエスの12使徒のなかで唯一のユダ出身者。ユダの町「ケリオテの人」の意味で「イスカリオテのユダ」といわれた。銀貨30枚でイエスを引き渡し裏切ったが、後悔して自殺した。

ヨセフ（アリマタヤの）

最高法院議員。イエスの十字架刑の後遺体を引き取って埋葬した。

ヨセフ（イエスの父）

マリアの夫。婚約中のマリアが身重と知り縁を切ろうとしたが、天使が現れ聖霊による処女のままの受胎であること、生まれる子の名はイエスであることを告知され受け入れた。ヘロデがヘブライ人の新生児を殺すと聞き、一家でエジプトに逃げた後、ナザレで大工になった。

ヨハネ

ザカリアとエリザベトの息子。イエスの又従兄弟（はとこ）。キリストの先駆者的役割を果たしヨルダン河畔で宣教活動を開始、イエスにも洗礼を施した。

ラ

ラザロ

イエスの友人であるマルタとマリアの兄弟。イエスにより死後4日たって生き返り、墓から歩いて出てきた。

地名編

ア

アイ
約束の地におけるヨシュアの戦闘地の1つ。町の名は「廃墟」の意味。

葦の海
出エジプトの際、海が割れる奇跡が起こった場所。

アソス
ローマ帝国ミシアの港。現在のトルコ西岸。

アッシリア
メソポタミア北部にあった大国で、B.C.9世紀～B.C.7世紀頃に栄えた。

アテネ
ギリシアの首都。B.C.5世紀にパンテオンが建立され、民主主義と文化の模範都市となって最盛期に達した。

アララト山
洪水が引いたときノアの箱舟が漂着した山。アルメニア、トルコ、イランの国境線上に同名の山がある。標高は5,165m。

アレクサンドリア
アレクサンドロス大王がナイルデルタに建設した港湾都市。プトレマイオス朝時代にエジプトの首都となり学問と商業の中心地となった。ローマ時代も博物館があるなど繁栄は衰えず、多くのユダヤ人口を擁した。旧約聖書がはじめてギリシア語に翻訳された町でもある。

アンティオキア（シリアの）
アレクサンドロスの部下の父アンティオコスにちなんだ名称。ローマ帝国治下シリア州の首都。帝国第3の大都市で文化都市として有名だったが、迫害されたキリスト者（キリストに属する者の意）が逃れてきたことでキリスト教の中心地の1つとなる。ここでイエスの使徒たちがキリスト者と呼ばれるようになる。

アンティオキア（ピシデヤの）
現トルコの都市。パウロとバルナバが第1回宣教旅行で訪れた。

アンモン
イスラエルの隣国。現アンマン。

イコニオン
トルコ中部、現在のコニヤ。パウロが第1回伝道旅行で訪れた。

イスラエル
イスラエル12部族が領有した地域。ソロモンの死後は南北に分裂し、北王国がこの名で呼ばれた。

エジプト
B.C.3000年頃から世界の文化、宗教、文明の中心地。旧約聖書で重要な帝国の1つ。

エデンの園
人類（アダムとエバ）が生きる場所として神がつくった園。

エドム
死海南方の山岳地帯で、イサクの息子エサウが住んだ土地。B.C.600年代に新バビロニアに滅ぼされた。

エフェソ
ローマ帝国アジア州（現トルコ西部）の首都。港湾都市として栄え、ヨーロッパとアジアの貿易中心地となった。

エラム
バビロニアの東方の山岳地帯の国。首都はスサだった。

エリコ
約束の地でヨシュアが最初に征服した町。現在のテル・エッスルタンと同定。オリエント世界最古の都市の1つ。

エルサレム
ダビデ王がエブス人の要塞であったエルサレムを占領し、イスラエルの首都とした。現イスラエルの首都で、ユダヤ教、キリスト教、イスラム教の聖地となっている。

エン・ゲディ

死海の西にある泉で、ダビデはサウルから逃れてこの近くの洞穴に隠れた。

オリーブ山

エルサレムの東にある山。この山にオリーブの木が植えられていたので、この名がある。イエスは、この山のふもとにある「ゲッセマネの園」で最後の祈りを捧げ、ここで捕縛された。

カ

カイサリア

ヘロデ大王が築いたパレスチナの港町。皇帝アウグストゥス・カイサルを記念してこの名が付けられた。

ガザ

エジプトへの通商路として重要な町で、ペリシテ人の5大要塞の1つ。

カナ

ガリラヤの村。ここの結婚式でイエスは水をぶどう酒に変えた。

カナン

神がイスラエル人に与える約束をした土地。

カパドキア

小アジア（現トルコ）東部の広大な高地地域。ペルシア帝国に属していたが、後にローマの属州となった。

カファルナウム

ローマ帝国時代から重要なガリラヤ湖畔の町。イエスのガリラヤ巡回の本拠地。

ガラテヤ

小アジア中部地域のローマの属州。パウロが訪ねた町が多くあり、当時の首都アンキラは、現在のトルコの首都アンカラ。

ガリラヤ

イスラエル北部の湖または周辺地域。イエスと使徒たちの活動の本拠地。旧約聖書でも時々言及されるが外国の影響の強い地域だった。新約聖書の時代には漁業の中心地であった。福音書で言及される町（ナザレ、カナなど）の多くがこの地域にある。

カルケミシュ

B.C.2000年頃から栄えたヒッタイト（旧約のヘト人）の町。遺跡は現在のトルコとシリアの国境近くにある。

キション川

メギド平野（エスドレロン平原）を貫流し、アッコ平原で地中海に注ぐ。

キプロス

地中海東部にある大きな島。パウロとバルナバの最初の宣教地で、ユダヤ人以外の人々に福音を広めた。

キリキア

小アジア（現トルコ）南部の地域で、首都タルソスはパウロの出身地。

ゲッセマネ

オリーブ山のふもとにある庭園。

ゴシェン

エジプトのナイルデルタにある肥沃な地帯。ヤコブ一族の移住から出エジプトまで、約400年にわたりイスラエル人が居住した。

ゴモラ

死海の南端に沈んだ5つの町の1つ。住民が罪を犯し続けたためにソドムとともに破壊された。

コリント

古代ギリシアの都市。ローマ軍に破壊されたが100年後に再建された。

ゴルゴタの丘

イエスが十字架刑にされた場所。

コロサイ

ローマ帝国のアジア州ルキヤの谷にある町。現トルコ南西にある町。パウロの伝道地。

サ

サマリア

北王国イスラエルの首都。アッシリア軍の攻撃によりB.C.721年に陥落。住民は捕囚の民となり、サマリアにはアッシリアからの移民が住んだ。「サマリア人」とは、陥落後もサマリアに留まったイスラエル人と、移民との雑婚により生まれた人々とされている。

シェバ

現在のイエメンと考えられている。地中海世界との香料、金、宝石などの貿易で栄えた。

死海

非常に多くの塩を含み、生物が棲まないためこの名がある。聖書では「塩の海」「アラバの海」などの名で呼ばれる。

シケム

エフライムの丘陵にあった古代カナンの町。イスラエル人にとって宗教と政治の中心地となった。シケムは北王国滅亡後も存続し、サマリア人にとってもっとも重要な都市となった。

シティム

ヨシュア率いるイスラエル人がカナンに入る直前宿営した土地。

シドン

フェニキア（現レバノン共和国）の有力な港湾都市。フェニキア人はこの名からシドン人とも呼ばれた。

シナイ

シナイ半島にある山とその周辺の砂漠地帯。シナイ山は「ホレブ山」とも呼ばれる。「十戒」授与の場。

シロ

ヨシュアがカナン占領後に幕屋を置いた場所。エルサレムに神殿ができるまで、ここがイスラエルの礼拝の中心地だった。町はB.C.1050年頃にペリシテ人によって滅ぼされたと考えられている。

ソドム

アブラハムの甥ロトが定住した町。不道徳で有名になりゴモラとともに滅ぼされた。現在は死海南端に沈んでいると考えられている。

タ

タボル山

イズレエル平原にそびえる標高約550mの山。

ダマスコ

現シリア共和国の首都ダマスカス。アブラハムの時代から有名で、聖書でもたびたび言及される。

タルソス

現トルコ南東部の町。新約聖書の時代には重要な大学町で大きな人口を擁した。ギリシア文化と東洋文化の接点。パウロの出生地。

ティルス

シドンと並ぶフェニキア（現レバノン共和国）の重要な都市で、海上貿易により繁栄。B.C.1200年にペリシテ人によってシドン港が破壊された後は、ティルスがフェニキア最大の都市となり、ダビデ、ソロモンの時代にも栄えた。

ナ

ナイル川

エジプト経済全体が依存する大河。アフリカ最奥地ビクトリア湖を水源とし地中海に至る。長さ5,632km。水の及ぶ土地はどこでも作物が育ち、川は商品運搬の有用手段だった。

ナザレ

ガリラヤの町。イエスの両親マリアとヨセフの故郷。

ニネベ

アッシリアの重要都市で、とくにセンナケリブの時代に栄えた。バビロンの英雄的狩猟者ニムロドが創設した都市といわれ、B.C.4500年以来の歴史がある。B.C.612年に新バビロニア帝国に倒された。

ネゲブ

イスラエル南部の乾燥した砂漠地帯。途中シナイ砂漠に接しエジプトに至る。アブラハムとイサクが宿営、イスラエル人もカナンに定住以前宿営した。

ネボ山

死海北端の東にあるモアブの山で、ジェベル・エン・ネバ(標高802m)と同定。モーセが死の直前登った山。

ハ

パトモス

現トルコ西岸沖の島。ヨハネが黙示録を書いた。

バビロニア

メソポタミア南部に栄えた古代国家。現在のイラク。

バビロン

イラクの首都バグダッドの南約80kmにあった古代都市。B.C.3000年には都市が成立し、シュメール文明やバビロン王朝(古代バビロニア)の中心地として繁栄、B.C.600年頃には新バビロニア帝国の首都として栄えたが、B.C.539年にペルシア軍に倒されて以後衰退した。

ハラン

現トルコ南東部の町。アッシリア人はハランを地方政治の中心地とした。ニネベ陥落後にはアッシリアの首都となったが、B.C.609年に新バビロニア帝国に滅ぼされた。

フィリピ

マケドニア(現ギリシア北部)の町。マケドニアの王フィリッポスにちなんで、この名が付けられた。B.C.168年にローマ人により併合。ヨーロッパ最初のキリスト教会はここに設立された。

フィリポ・カイサリア

ヘルモン山のふもとの町。ヘロデ大王がアウグストゥス・カイサルのために大神殿を建立し、息子の1人フィリポが町の名をパネアスからカイサリアに変更。同名の港町と区別するためフィリポのカイサリアと呼ばれた。

フェニキア

イスラエルの北、シリア沿岸の小国で重要な貿易都市国家。ティルス、シドン、ビブロスなどの町があった。

ベエル・シェバ

ネゲブの砂漠北端、エジプトへの通商路上にある町。地名はアブラハムが掘った井戸(ベエル)に由来する。

ベタニア

エルサレム近郊の村。イエスの友人であるマリア、マルタ、ラザロの兄弟姉妹が住んでいた。

ベツレヘム

エルサレムの南8kmのユダヤ丘陵の町。預言者ミカはここでメシア(救い主)が生まれると告げた。ダビデの生地。

ベテル

エルサレムの北19kmの地で「神の家」の意味を持つ。アブラハムはここに祭壇を築いた。ヤコブはここに夜営したとき、天から地にかかるはしごの夢を見た。

ヘブロン

イスラエルの丘陵地帯海抜935mの町。ダビデがエルサレムを獲得する以前はダビデの王国の首都だった。バビロン捕囚から帰還した多くのユダヤ人が住んだ。

ペルシア

B.C.7世紀にメディアを征服し、B.C.6世紀に新バビロニア帝国を倒し、樹立した帝国。それまでの歴史のなかで最大の帝国となったが、B.C.4世紀にアレクサンドロス大王に征服された。

マ

マクペラ
ヘブロンの一角にある土地。アブラハムはここの洞窟を購入し、一族の墓所とした。後にヘロデ大王が建てた神殿は現在でも残っている。

マケドニア
ギリシア北部の王国。マケドニアの最盛期にはアレクサンドロス大王がペルシアを征服した。マケドニア王国は、B.C.148年にローマ帝国の属州となった。

マムレ
ヘブロン近くの土地。アブラハムやイサクがたびたび宿営した。

ミツパ
同名の幾つか異なった場所がある。ヤコブとラバンが和解した場所、士師のエフタの物語ではギレアドにあるなど。もっとも重要なのはエルサレムの北に位置する町で、ここでサムエルはサウルをイスラエルの王として民に紹介した。

ミディアン
アカバ湾の東、アラビア砂漠の一部。

モアブ
死海東側の高原にある国。イスラエルと交戦が絶えず、この国の人々は預言者たちに非難された。

モリヤ山
アブラハムがイサクを捧げようとした場所で、ソロモンの神殿もこの地にあったとされる。エルサレムの東丘にあり、現在はイスラム教の「岩のドーム」が建てられている。

ヤ

ヤッファ
現在のテルアビブ近くにある自然港。56km離れたエルサレムのための港だった。「ヨナ書」の主人公ヨナは、ここからタルシシュに向けて出発した。

ヨルダン川
イスラエル最大の川で、世界でもっとも深い渓谷を流れる。ヨルダンは「流れ下る」の意。

ラ

ラメセス
エジプトのナイルデルタ東の町で、ラメセス2世の王宮があった。イスラエル人のエジプト脱出の起点となった。

リストラ
ローマ帝国の属州ガラテヤの町。パウロとバルナバが第1回宣教旅行で訪れて足の不自由な男を癒した。

レバノン
現在のレバノンとその山脈。さまざまな野菜や果物が実り、聖書は国土の肥沃さに言及する。とくにレバノン杉が有名で、ソロモン王がエルサレム神殿と王宮の建材として用いた。

索引

ア

カ

索引

索引

ラ

【参考文献】

『聖書百科全書』 ジョン・ボウカー 三省堂
『聖書　その歴史的事実』 新井智 NHKブックス
『聖書辞典』 木田献一　和田幹男監修 キリスト新聞社
『聖書新共同訳準拠　バイブルアトラス』 共同訳聖書委員会監修 日本聖書協会
『キリスト教の誕生』 ピエール＝マリー・ボード 創元社
『旧約聖書の世界』 ミレーユ・アダス・ルベル 創元社
『ヨーロッパの旅とキリスト教』 紅山雪夫 創元社
『ユダヤを知る事典』 滝川義人 東京堂出版
『キリスト教文化事典』 ニコル・ルメートル他 原書房
『キリスト教美術シンボル事典』 ジェニファー・スピーク 大修館書店
『カラー版西洋絵画の主題物語Ⅰ聖書編』 諸川春樹 美術出版社
『死海文書の謎』 マイケル・ベイジェント他 柏書房
『イスラエルに見る聖書の世界　旧約聖書編／新約聖書編』 ミルトス編集部編 ミルトス

監修者略歴

関田寛雄（せきた・ひろお）

1928年北九州小倉に生まれる。54年青山学院大学文学部キリスト教学科を経て57年同大学大学院を終了。57年から97年にかけて青山学院大学でキリスト教の教鞭をとるかたわら、2年間の米国留学を経験する。その間川崎市において開拓伝道、2教会を設立。現在、日本基督教団神奈川教区巡回牧師として活躍中。おもな著書に『十戒・主の祈り』『教会』『聖書解釈と説教』『われらの信仰』（以上、教団出版局）などがある。

写真提供
イスラエル政府観光局
エジプト大使館ーエジプト学・観光局
トルコ大使館観光省
阿部政雄
CIC・ビクタービデオ
イタリア政府観光局〈E.N.I.T.〉
ワールドフォトサービス
ヨルダン大使館
アール・オー・エス企画

編集協力――キャロット企画
デザイン――エステム
イラスト――エステム

聖書

2007年5月10日発行

監修者　関田寛雄
発行者　田村正隆

Hiroo Sekita,2001

発行所　株式会社ナツメ社
東京都千代田区神田神保町1-52 加州ビル2F（〒101-0051）
電話　03(3291)1257（代表）　FAX　03(3291)5761
振替　00130-1-58661
制　作　ナツメ出版企画株式会社
東京都千代田区神田神保町1-52 加州ビル3F（〒101-0051）
電話　03(3295)3921（代表）
印　刷　図書印刷株式会社

ISBN978-4-8163-2963-0
Printed in Japan
〈定価はカバーに表示してあります〉
〈落丁・乱丁本はお取り替えします〉